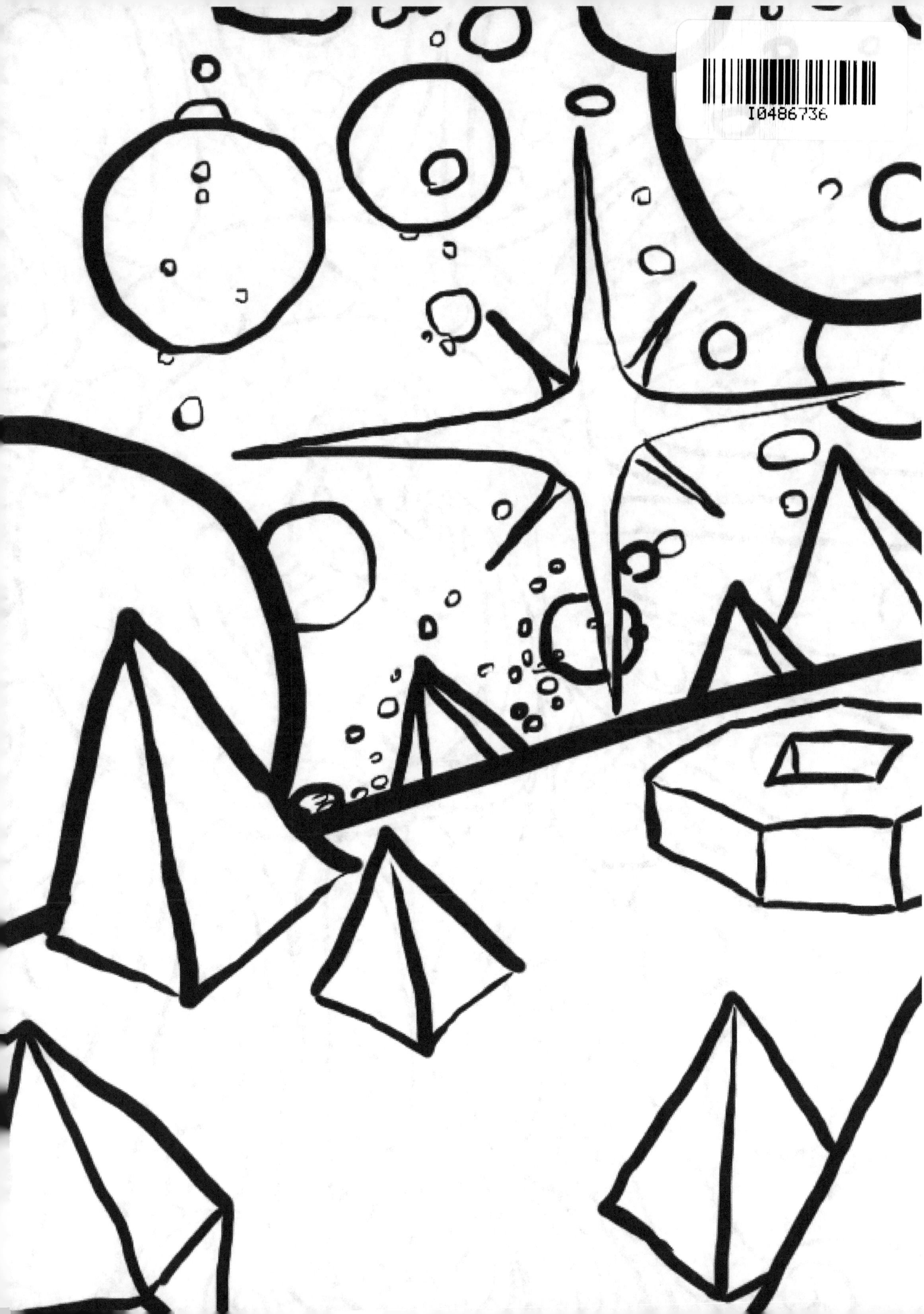

I0486736

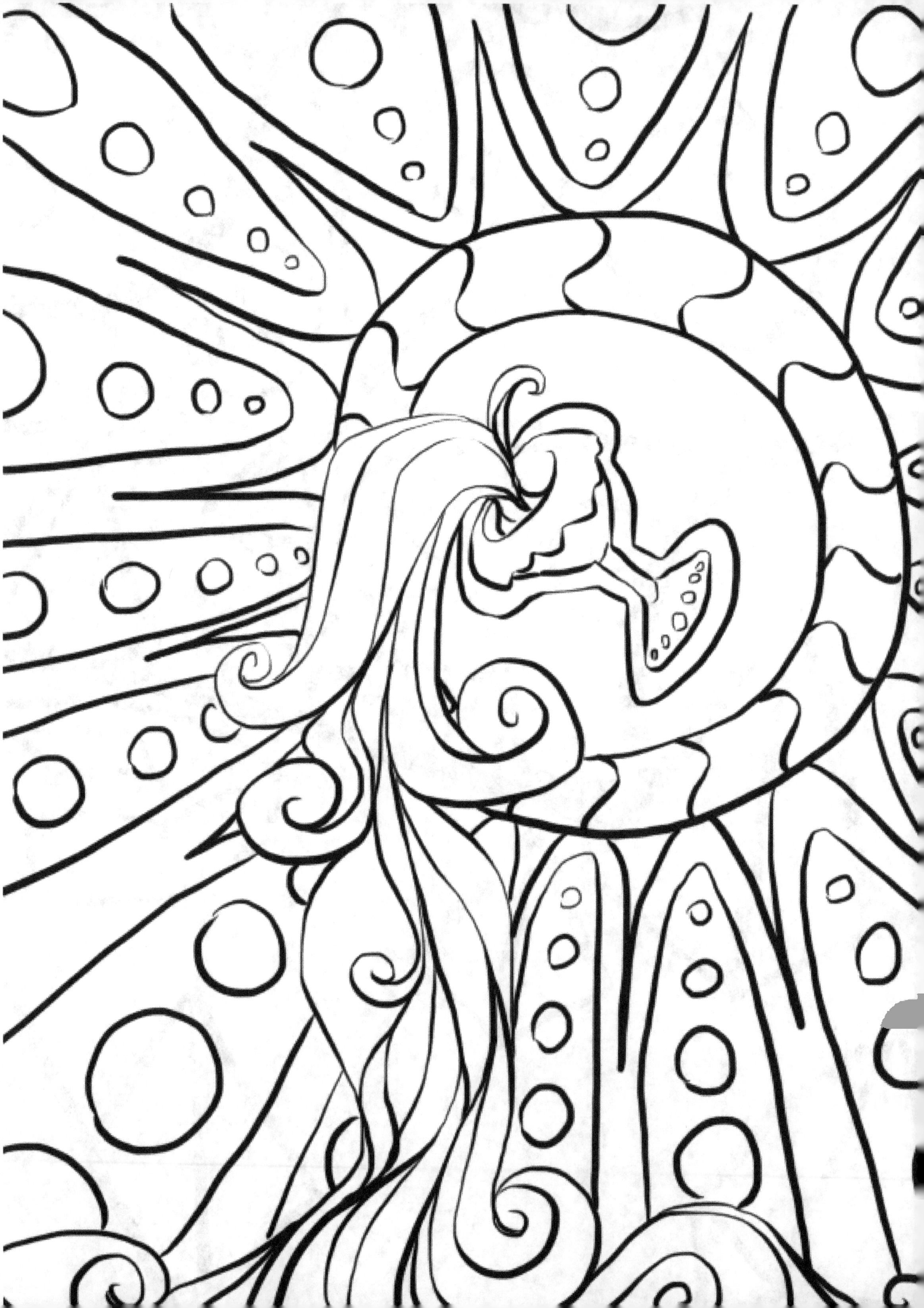

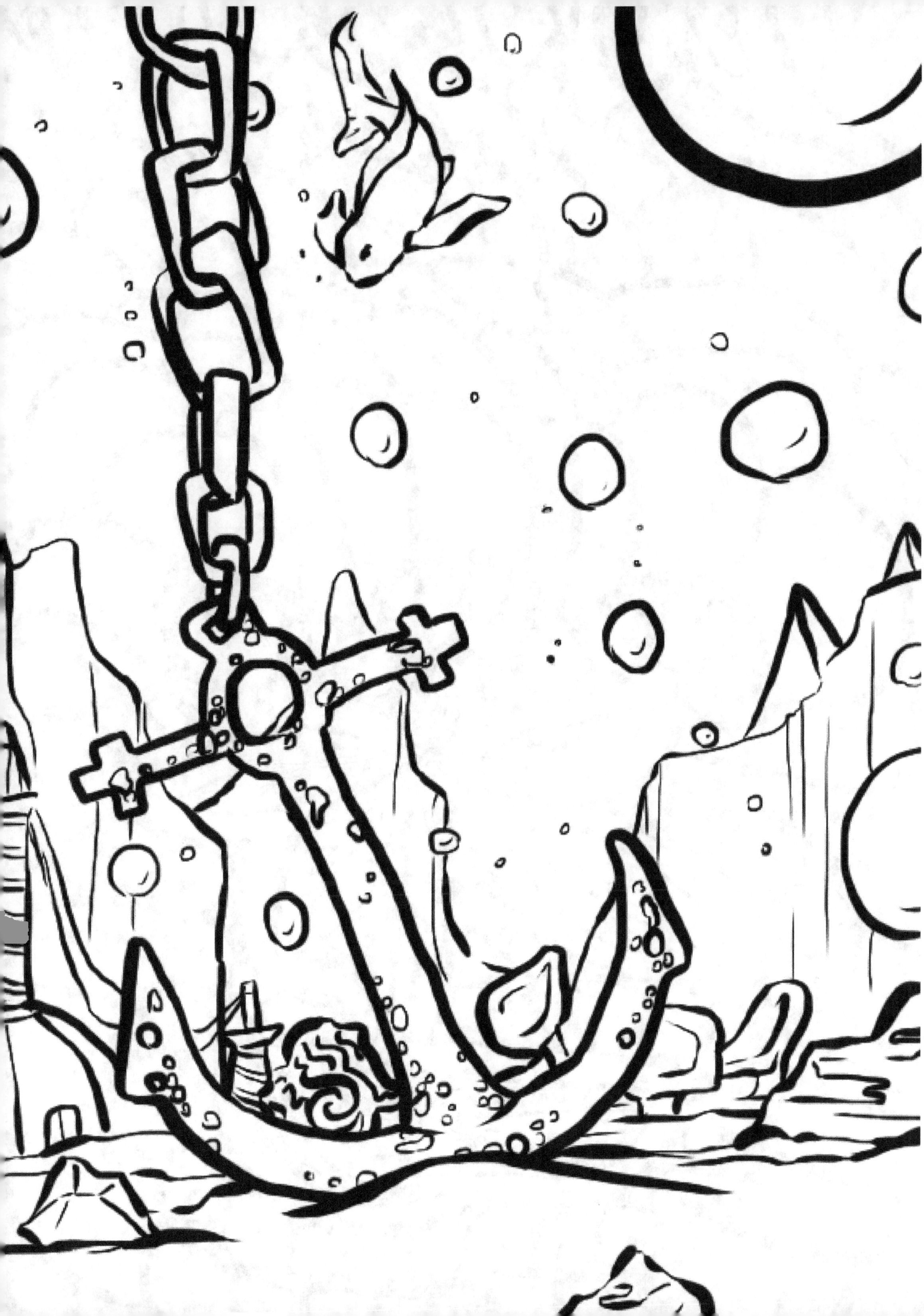

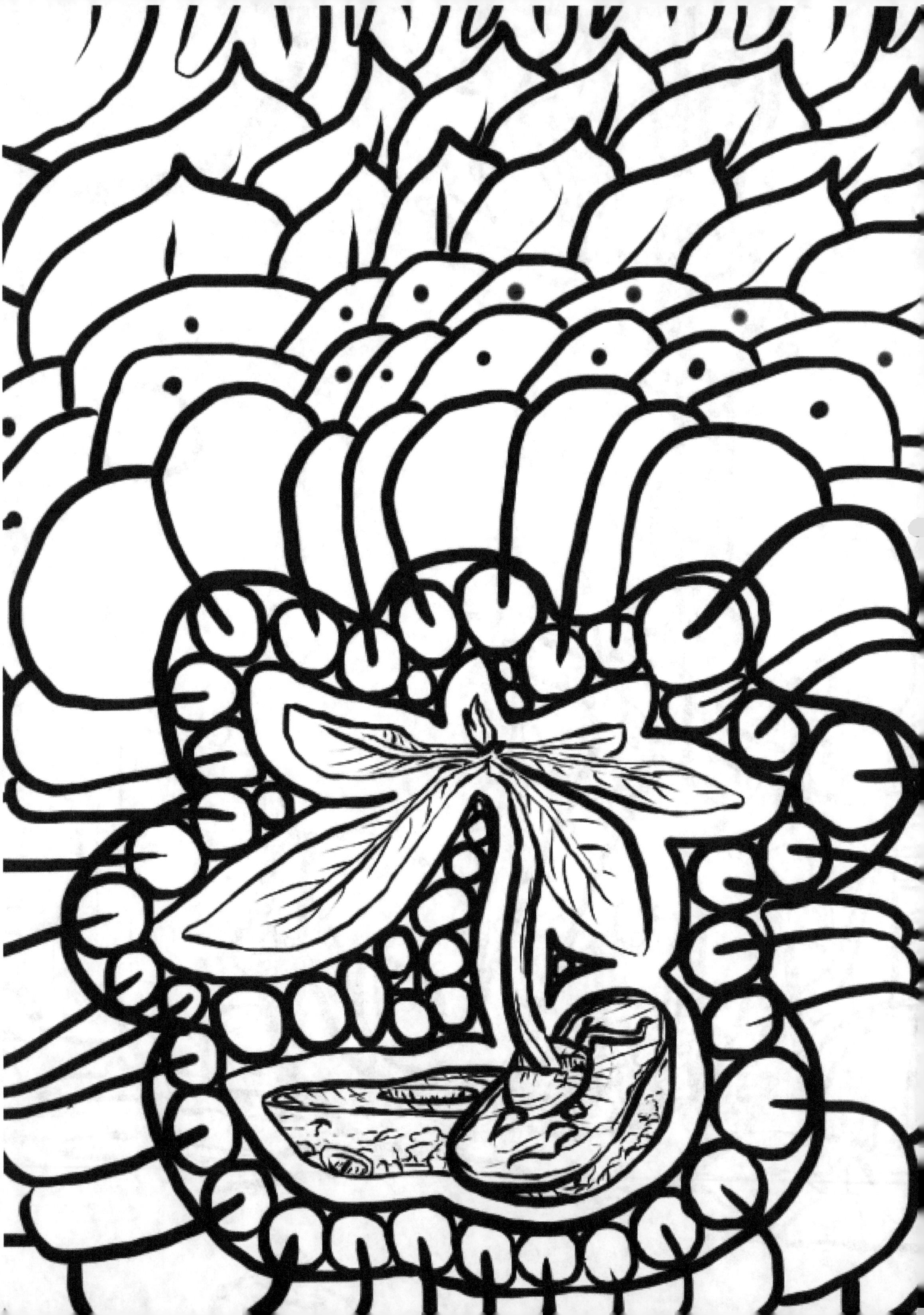

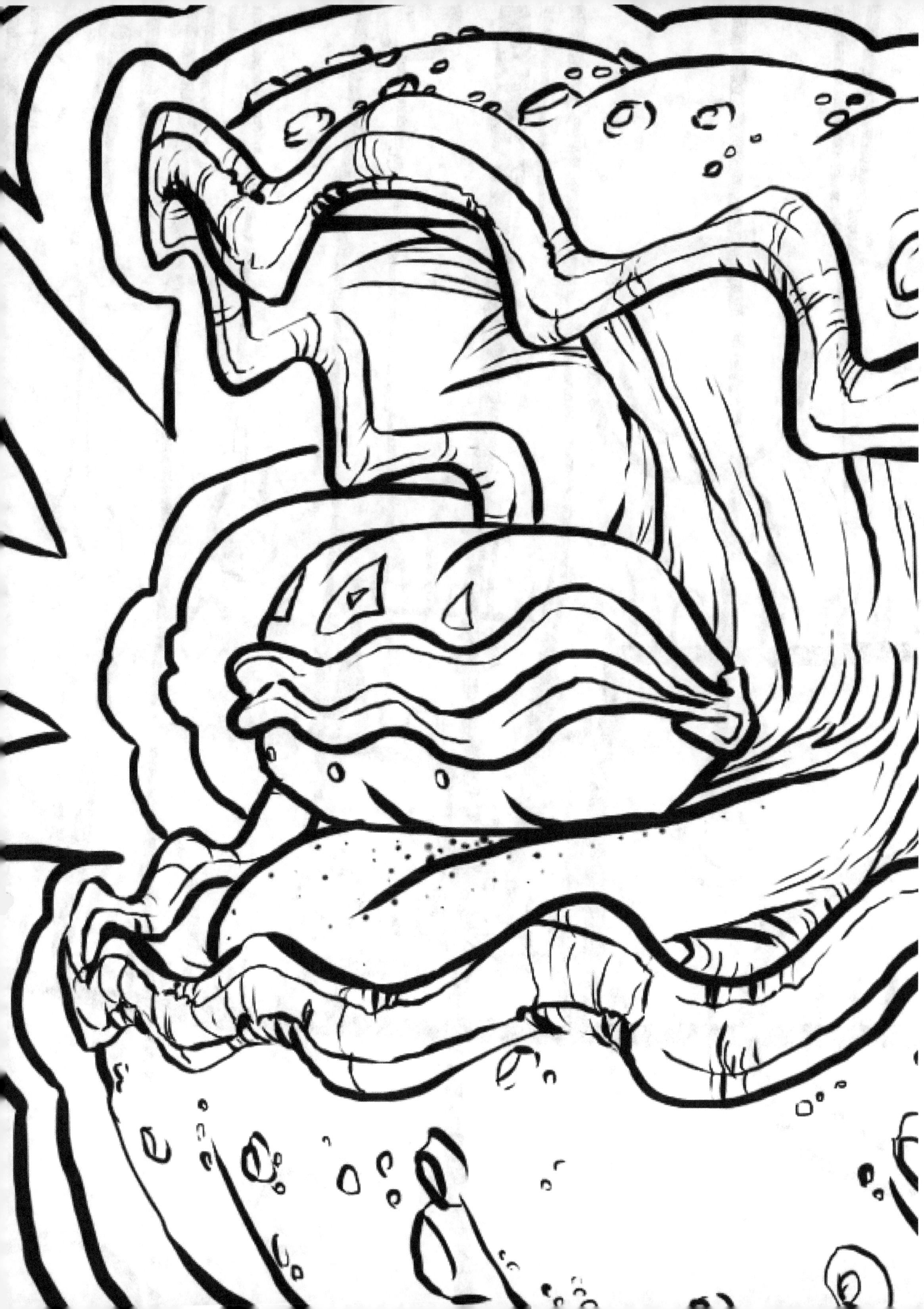

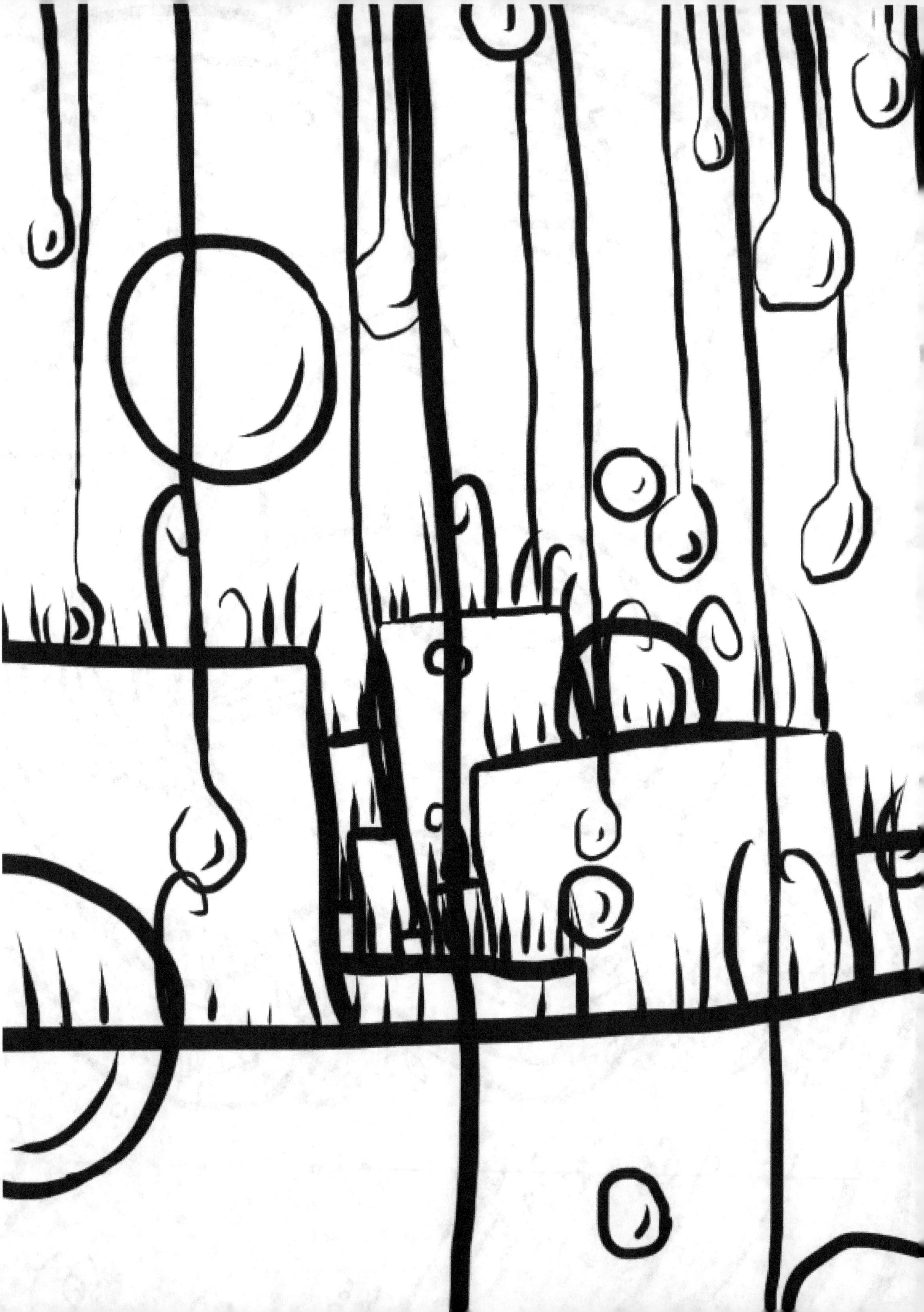

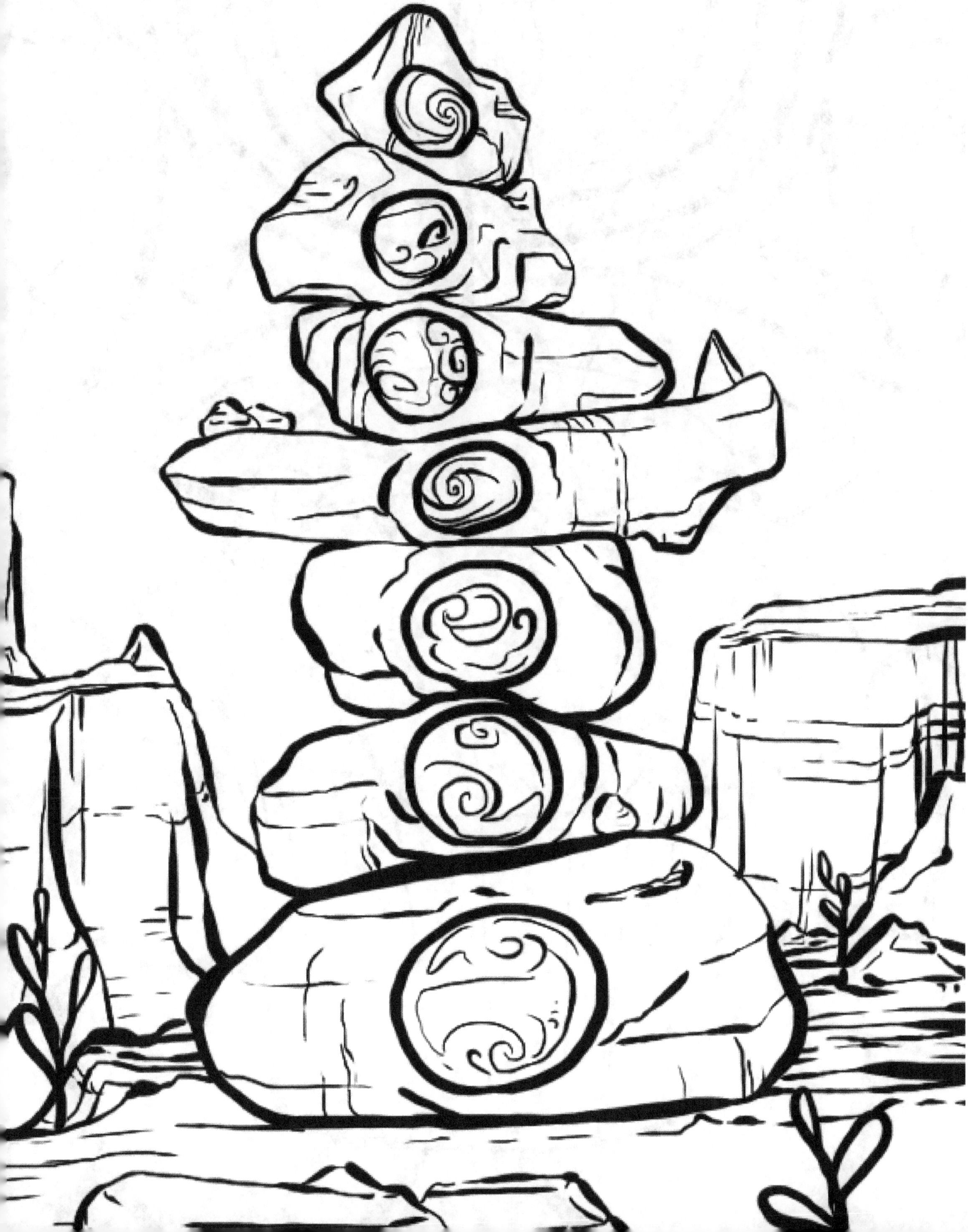

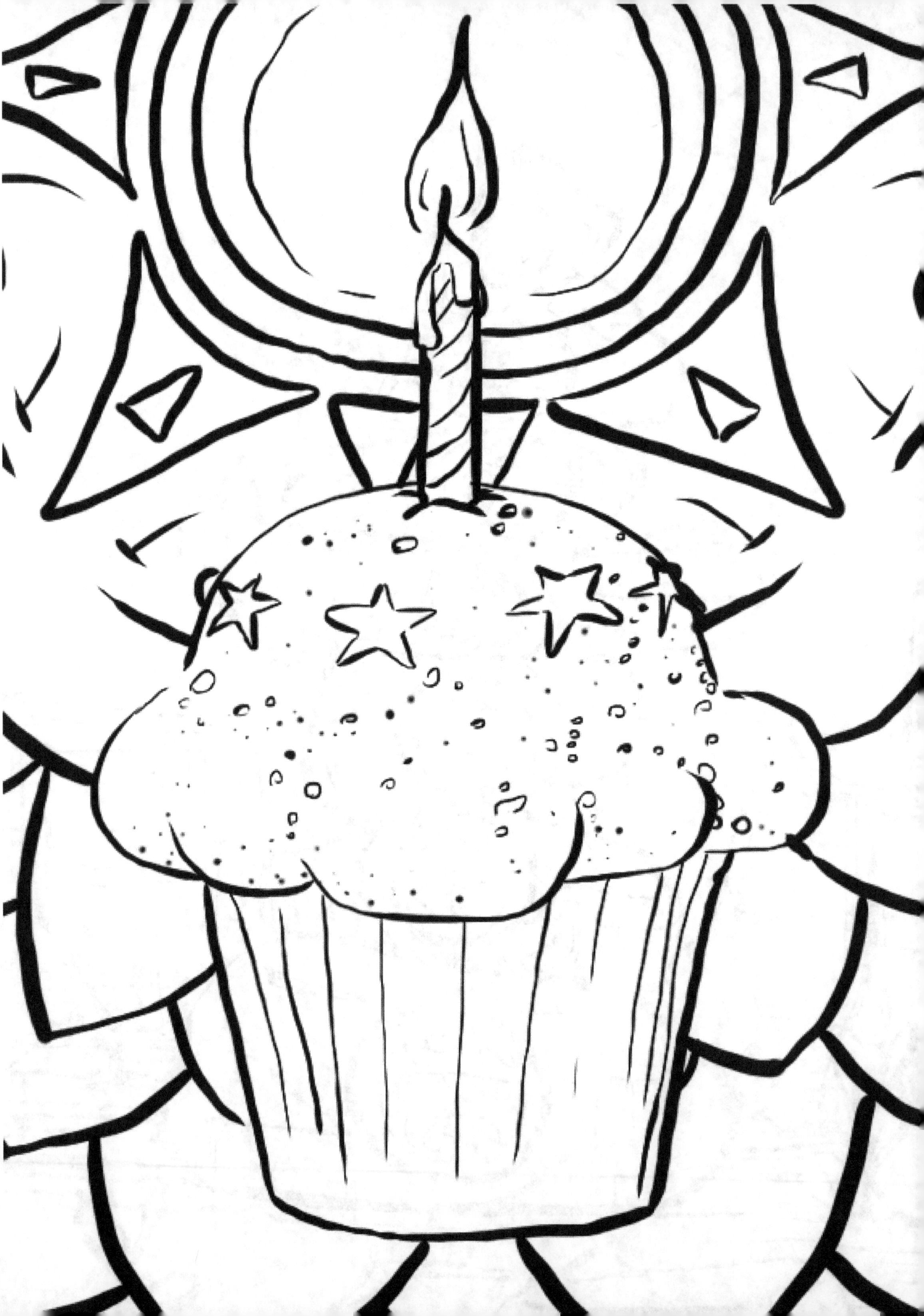

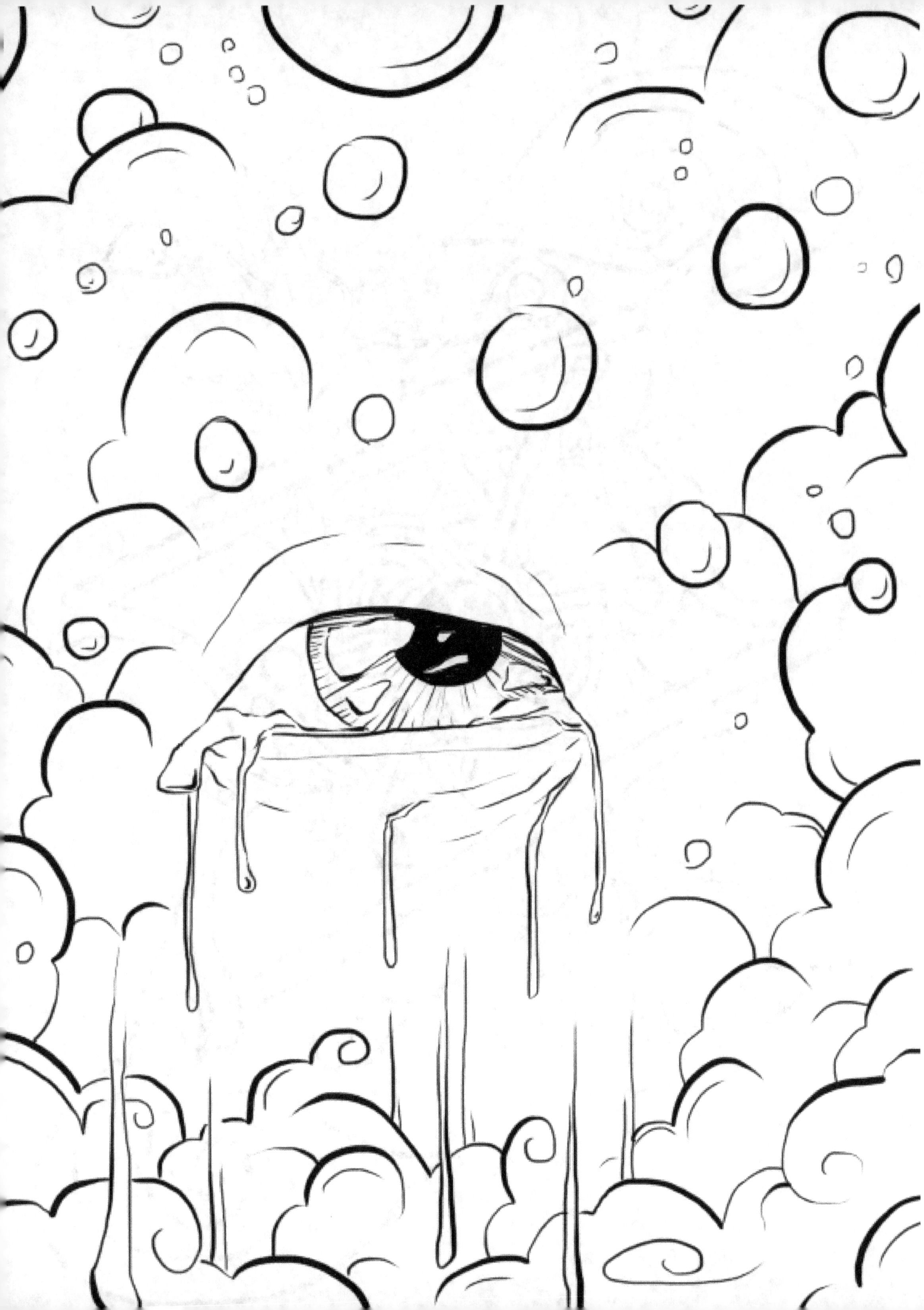

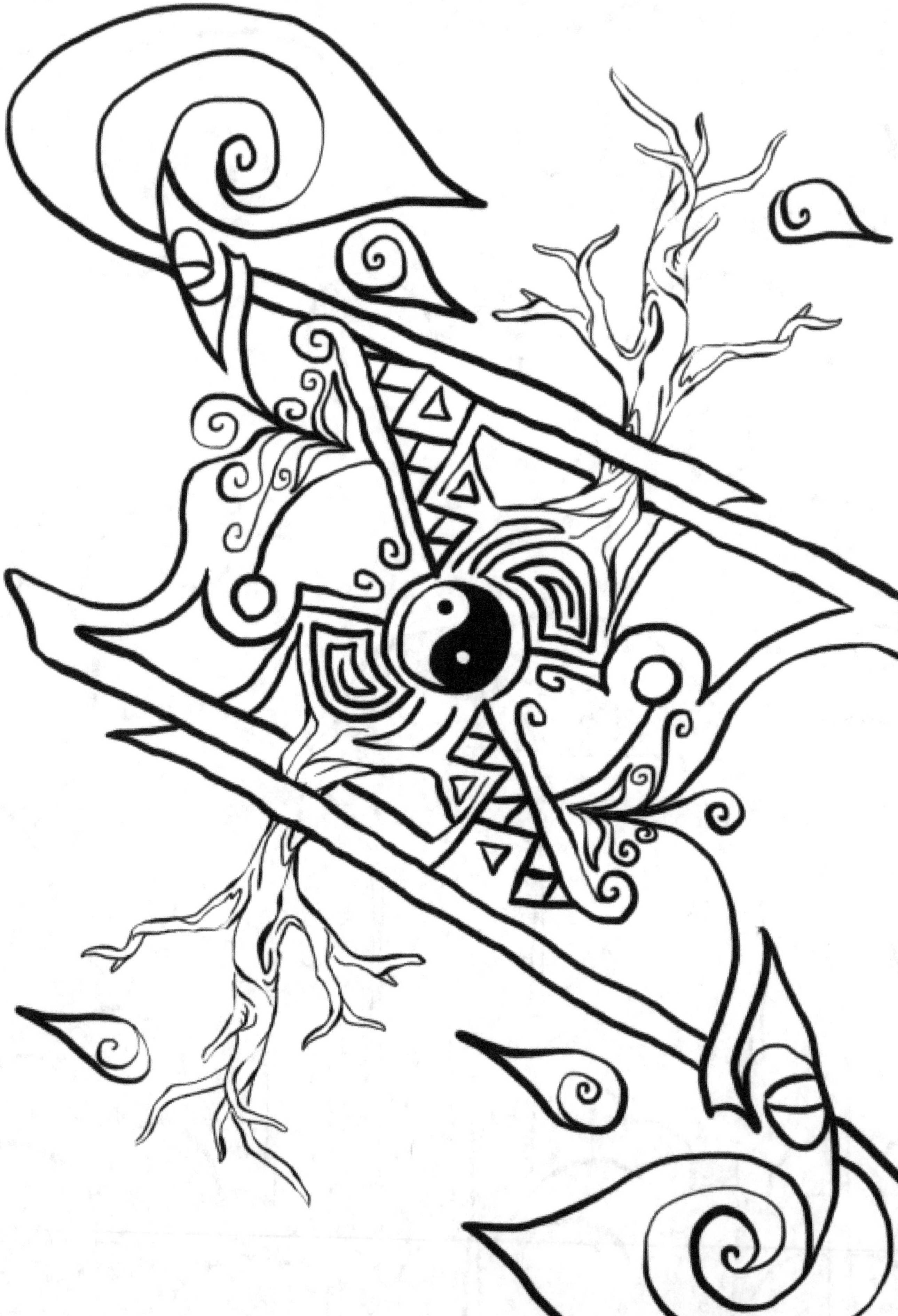

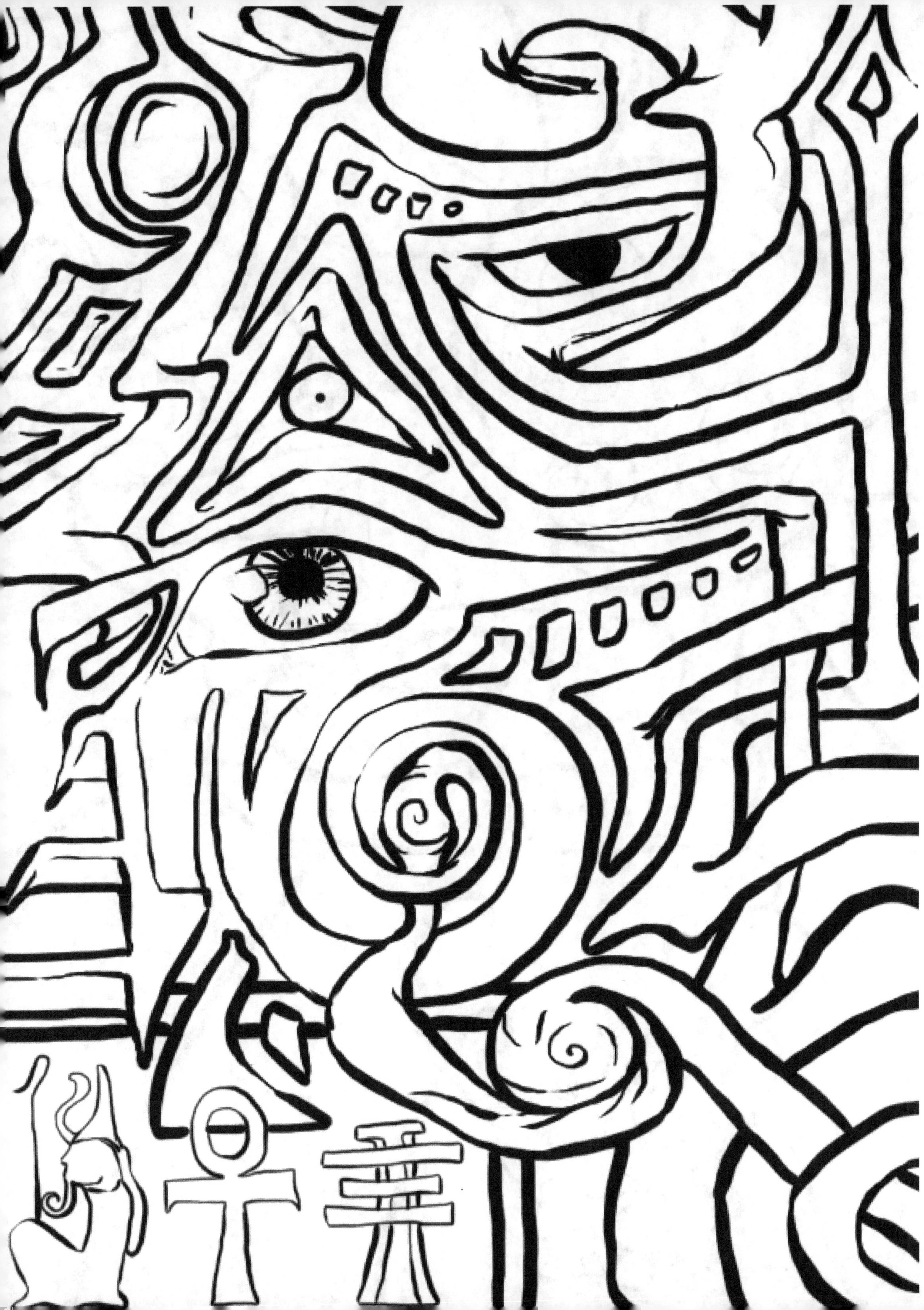

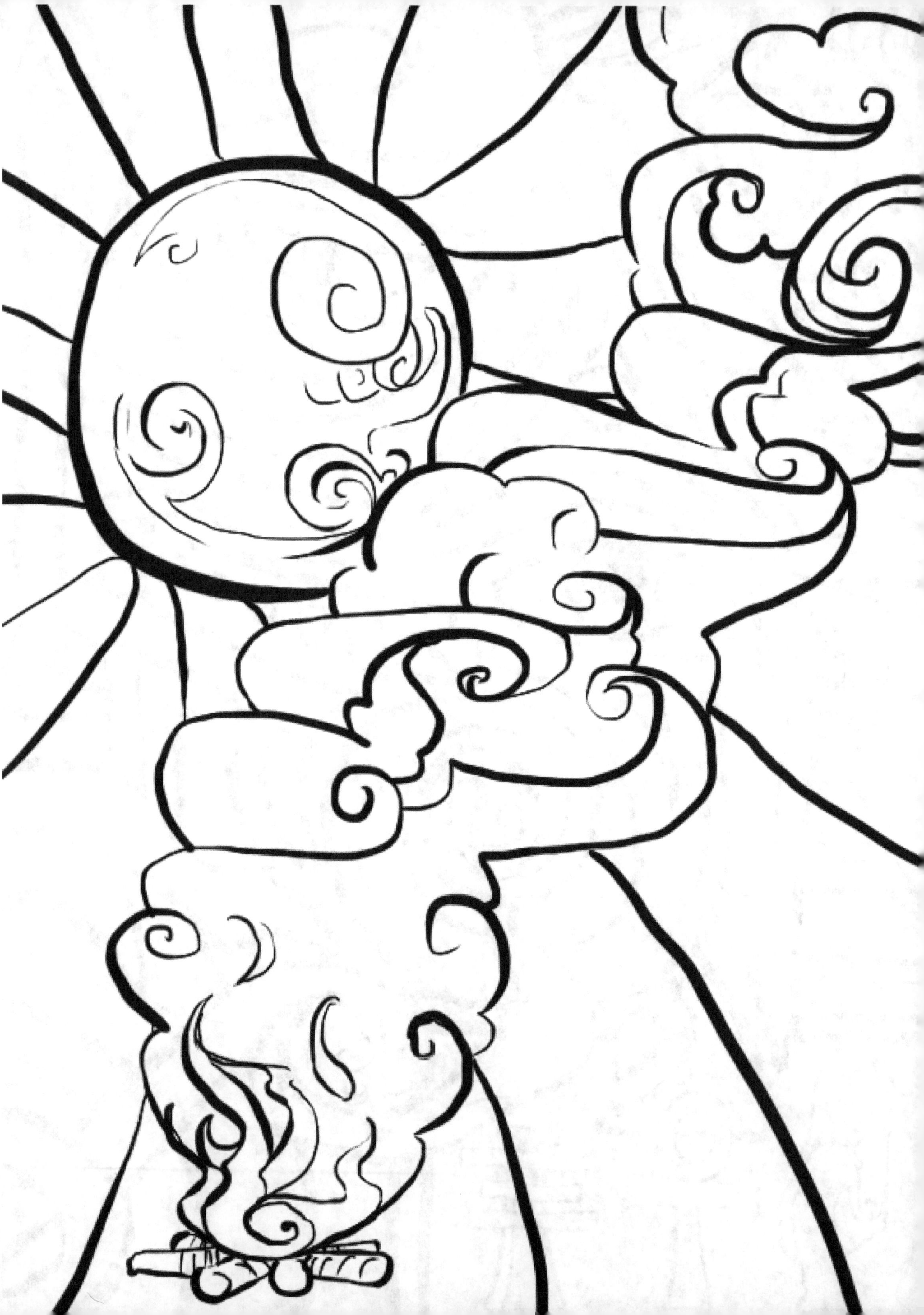

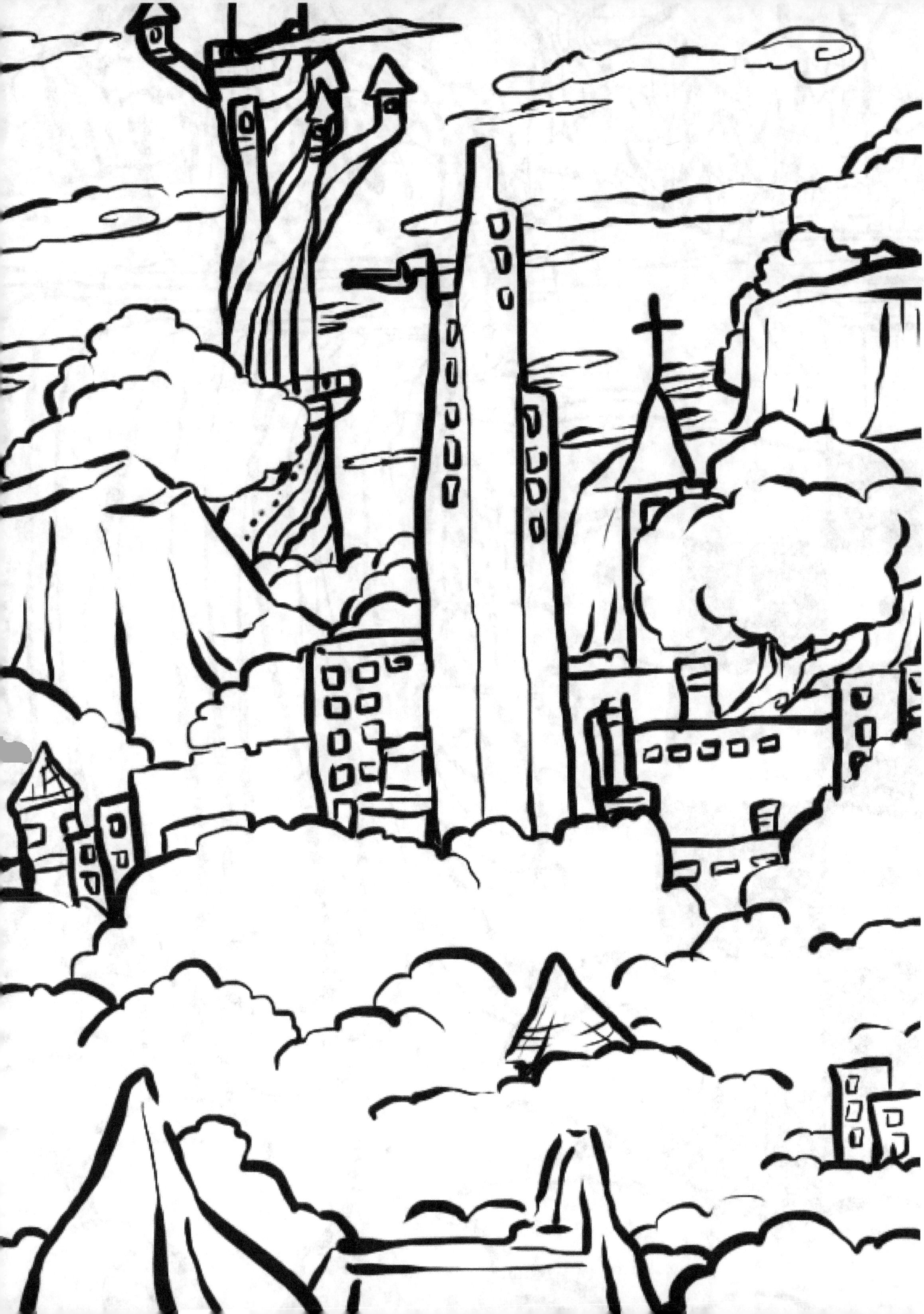

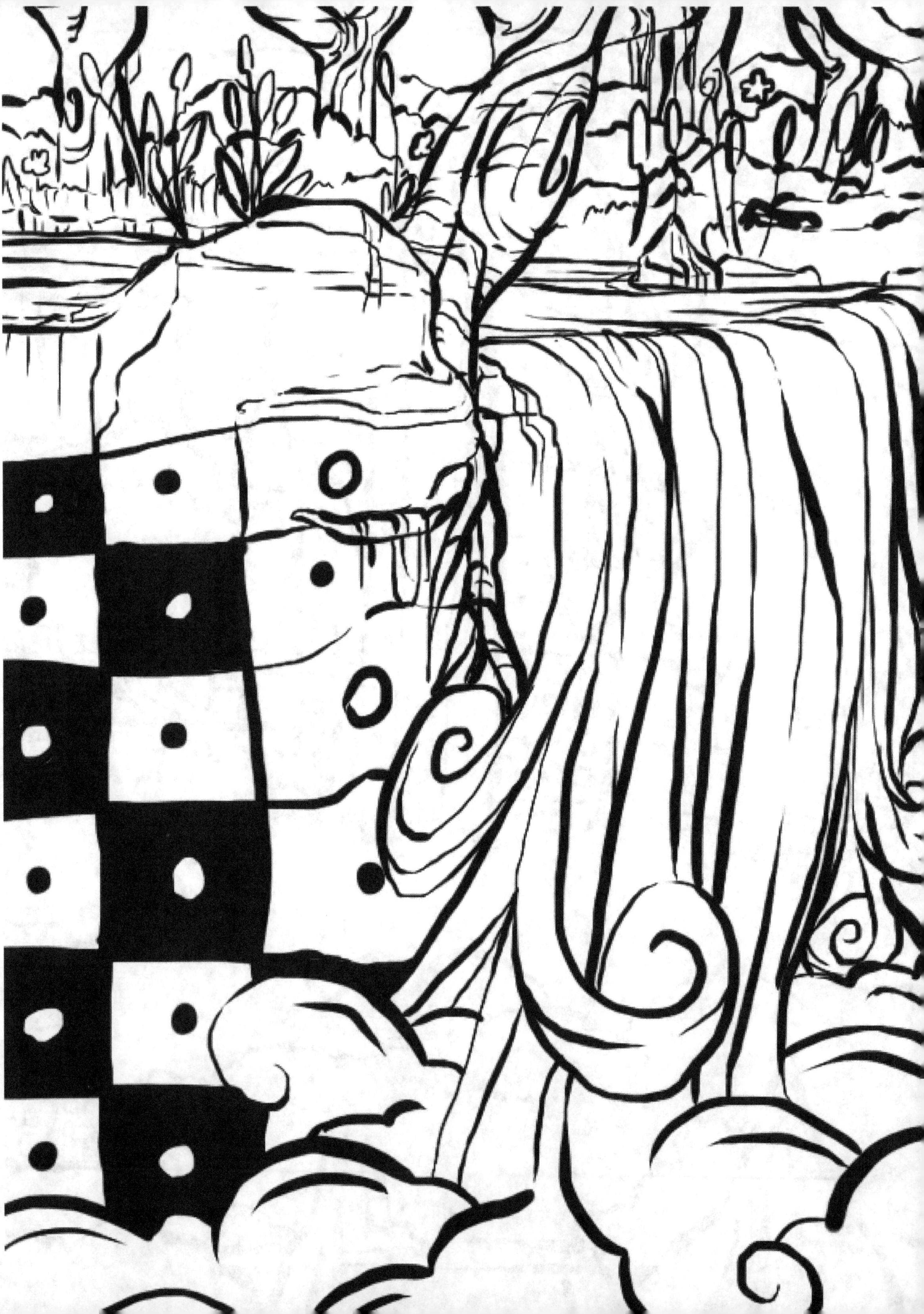

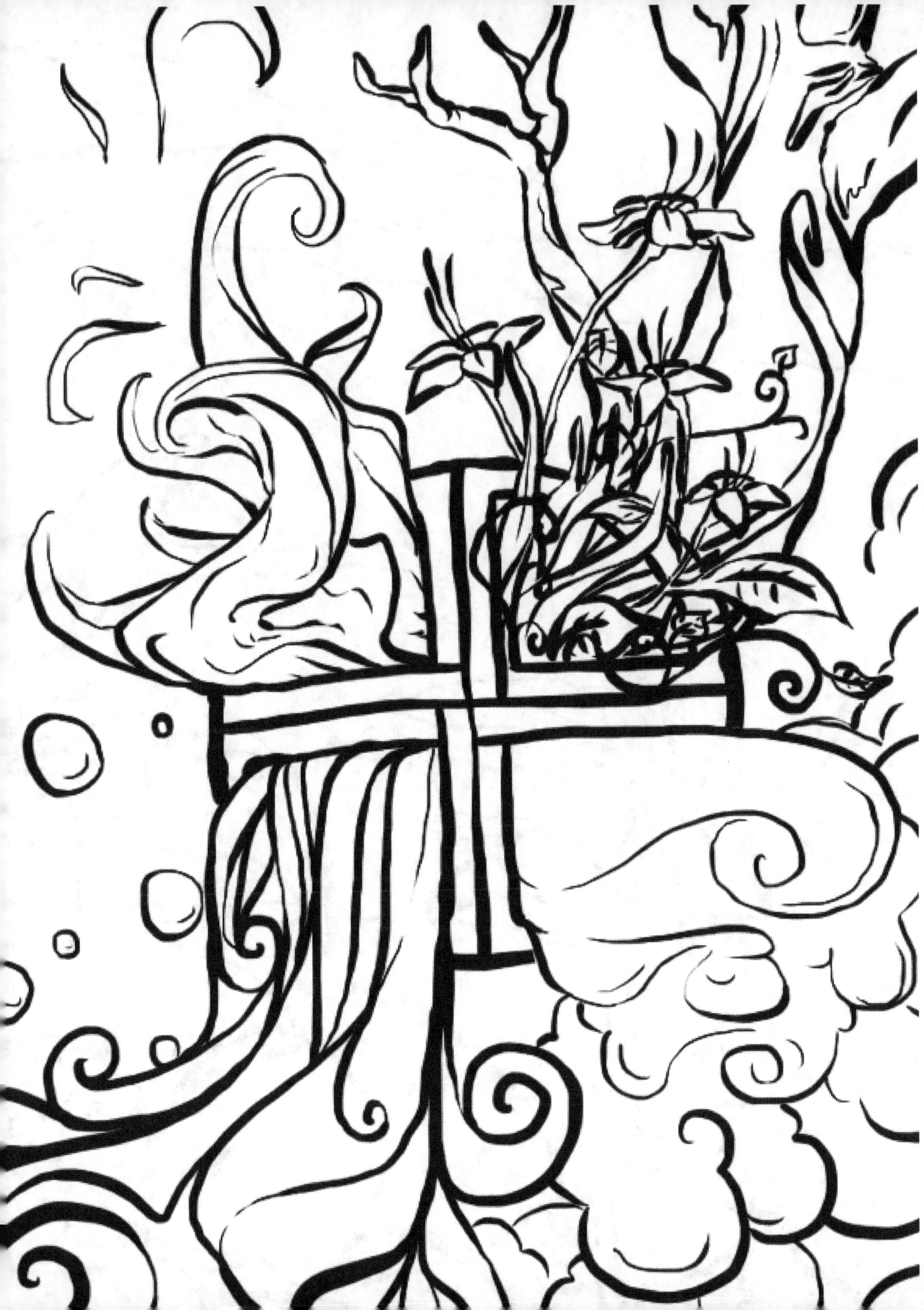

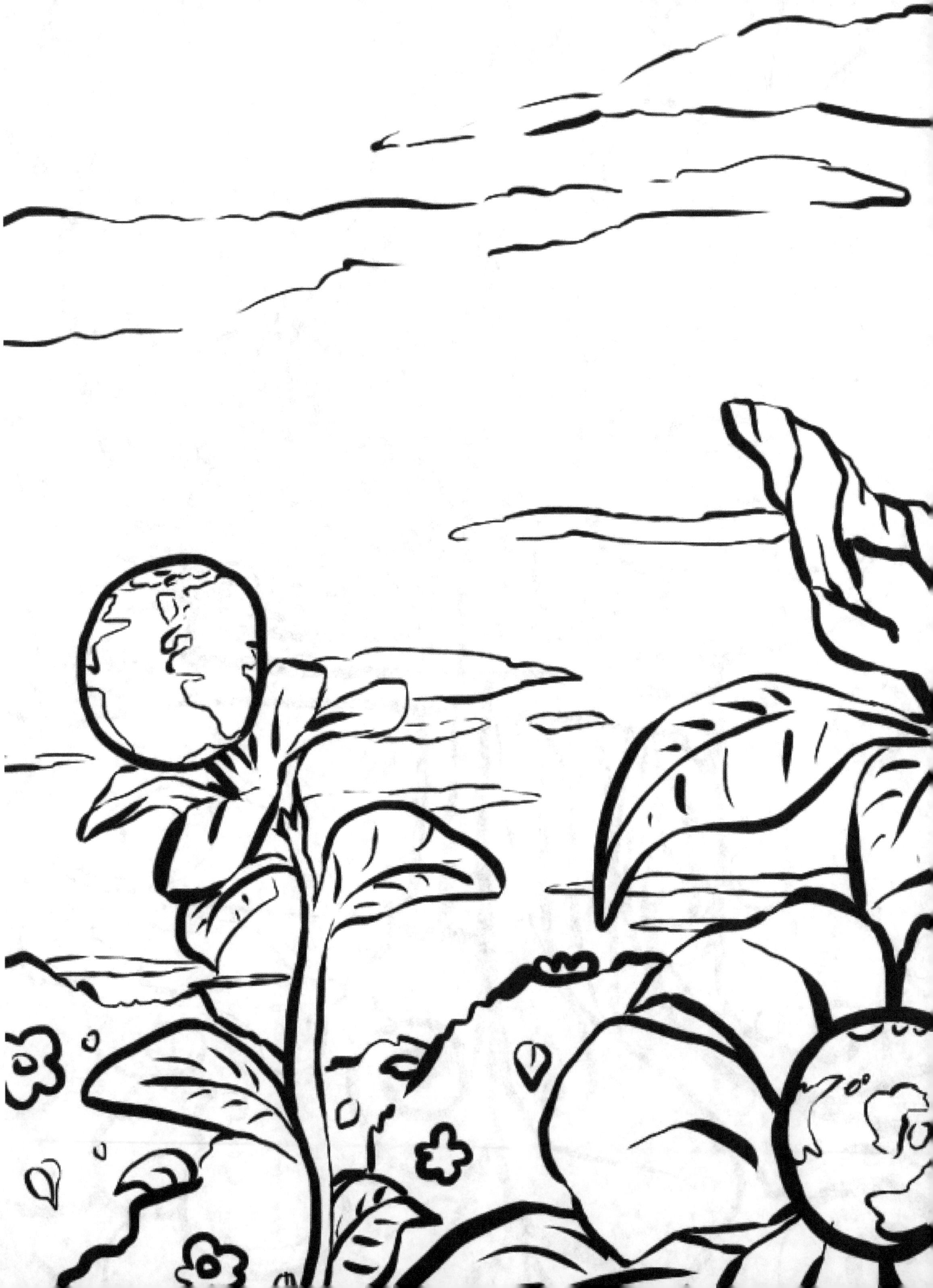

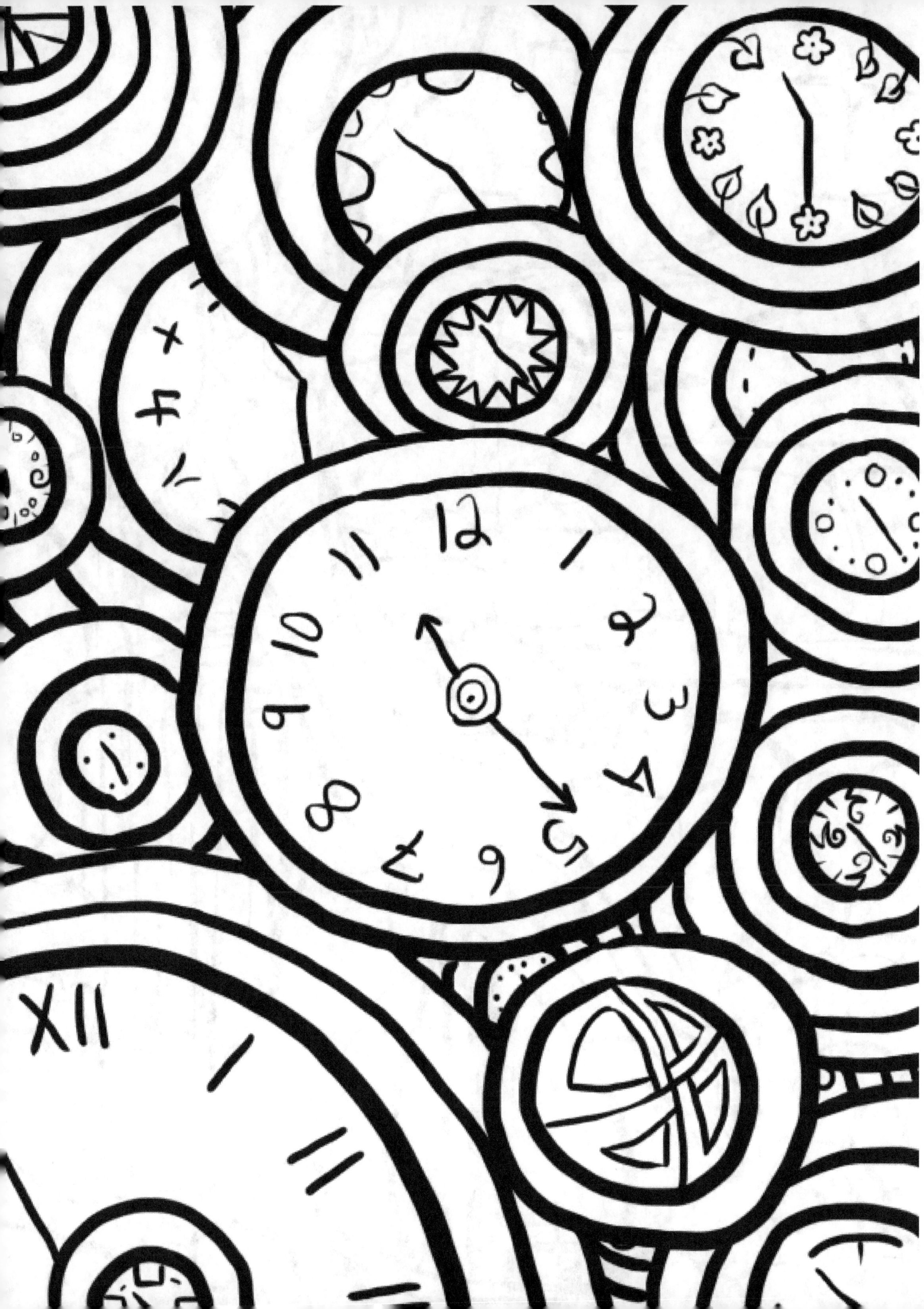
12 1 2 3 4 5 6 7 8 9 10 11
XII

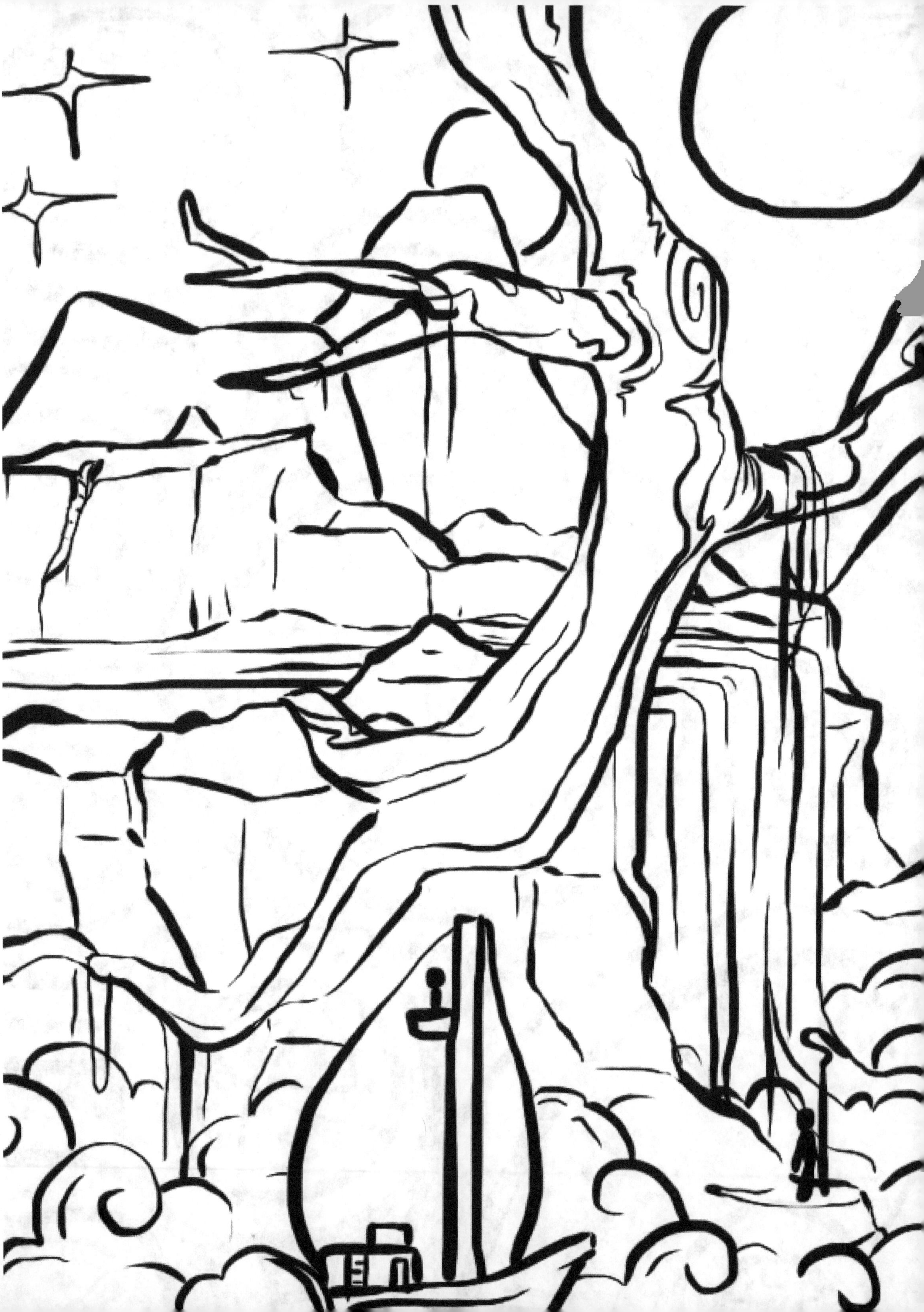

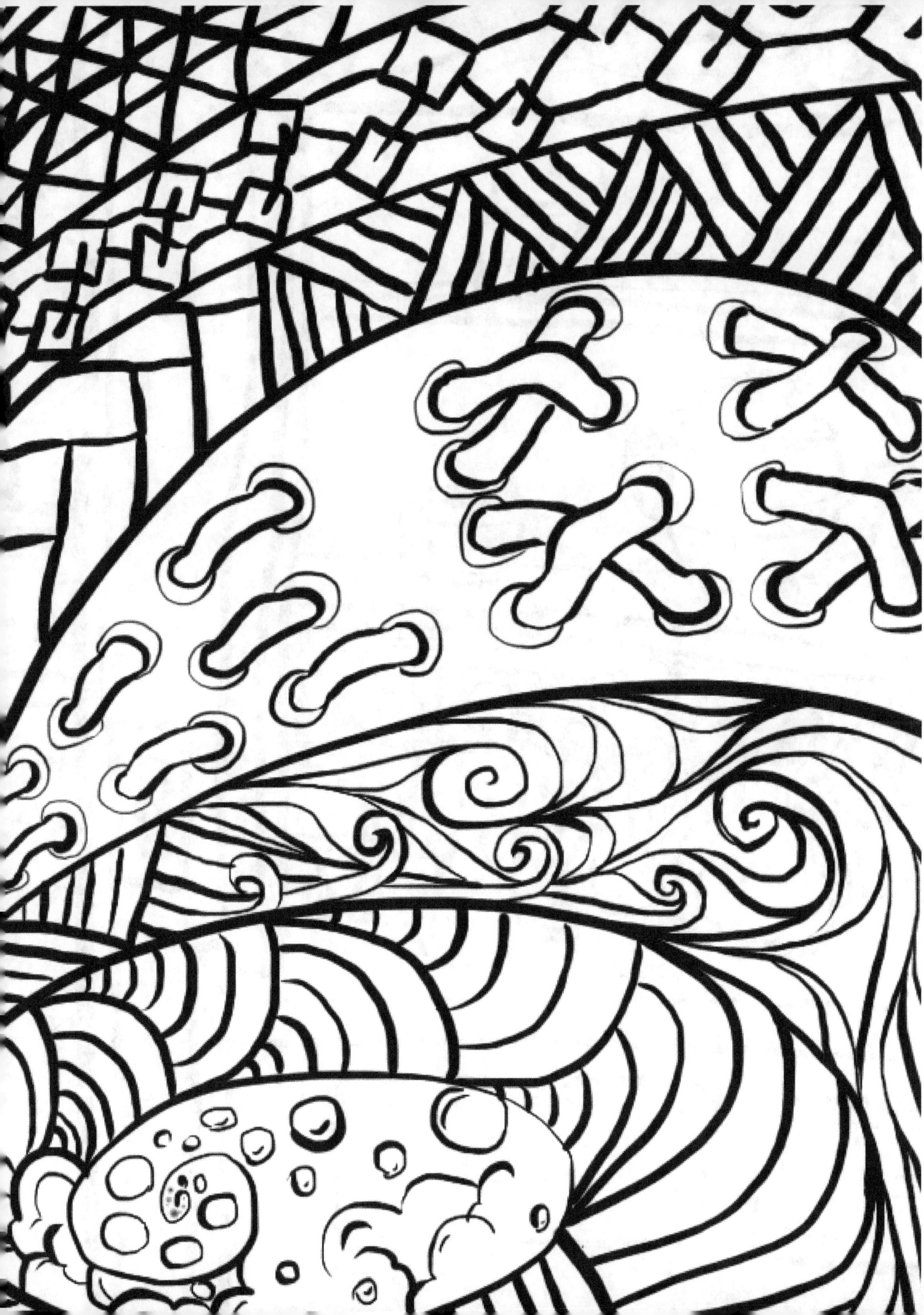

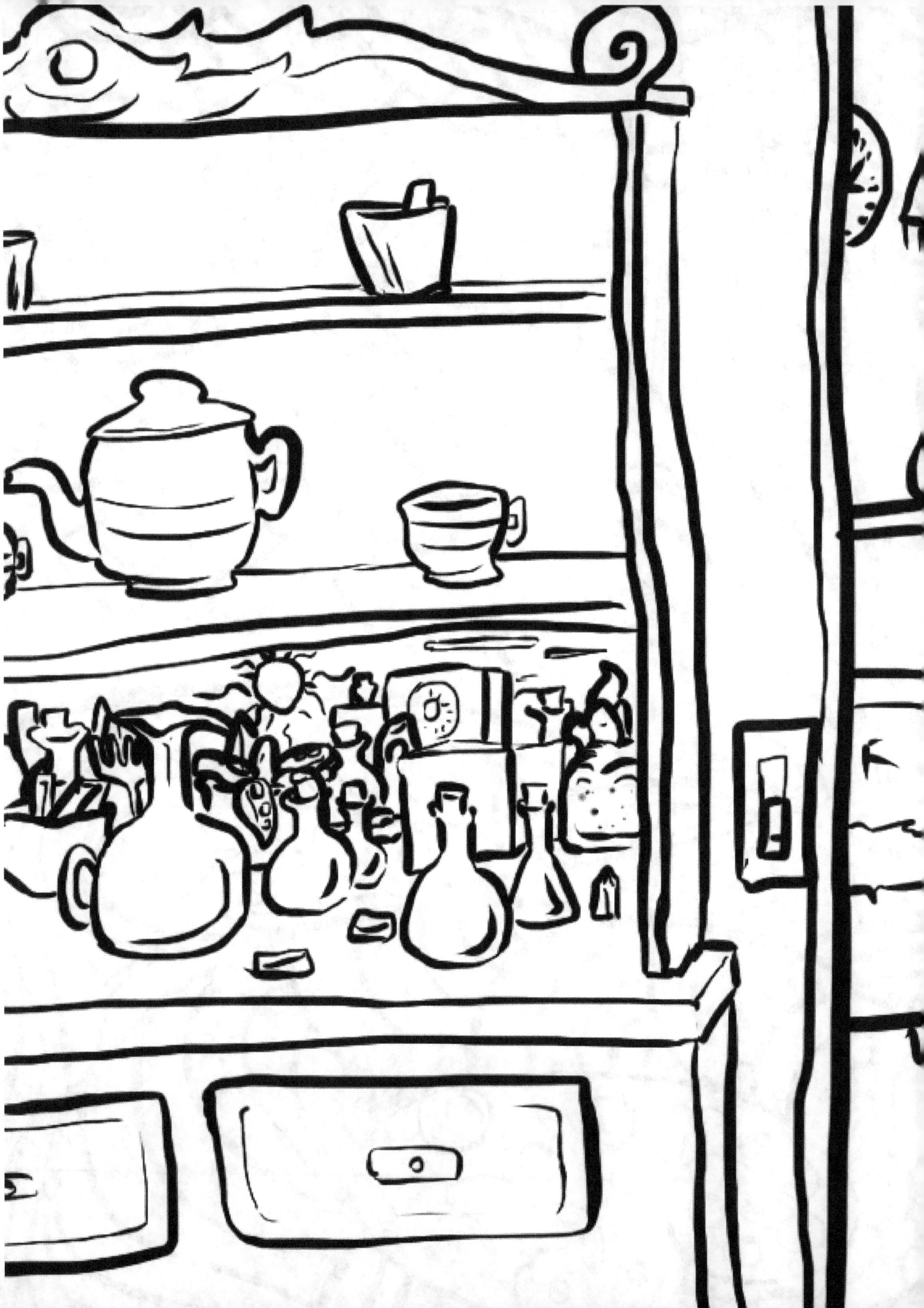

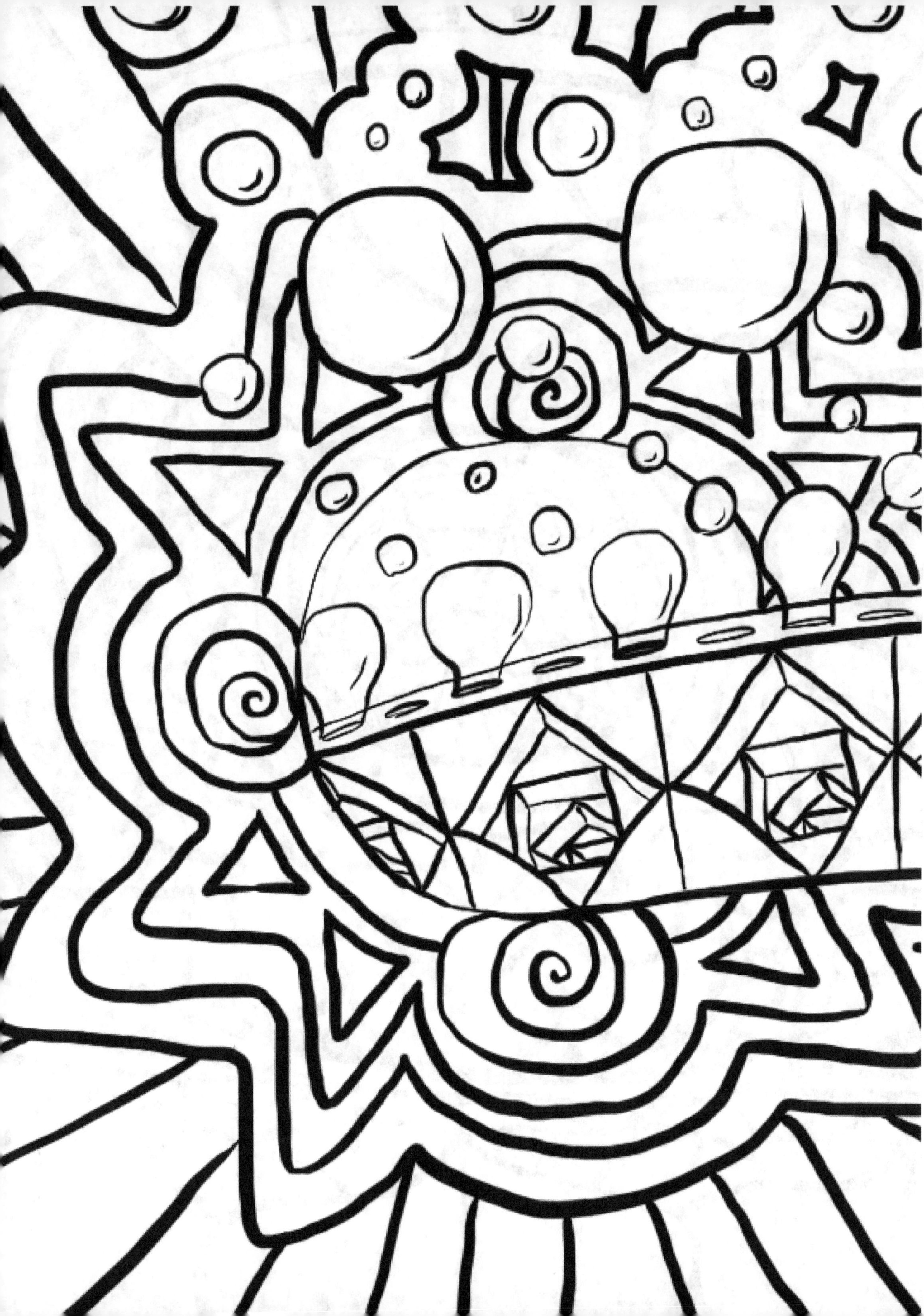

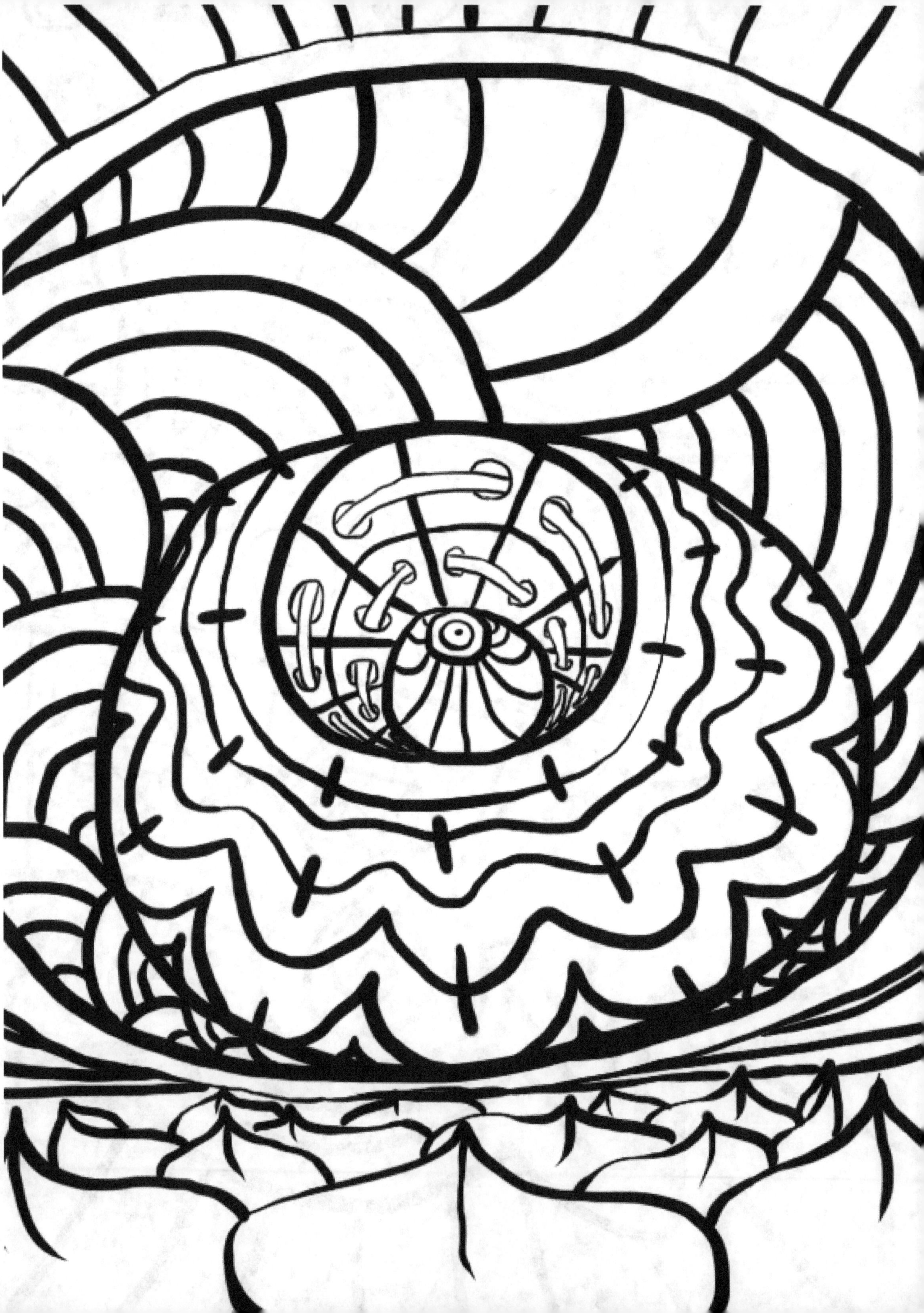

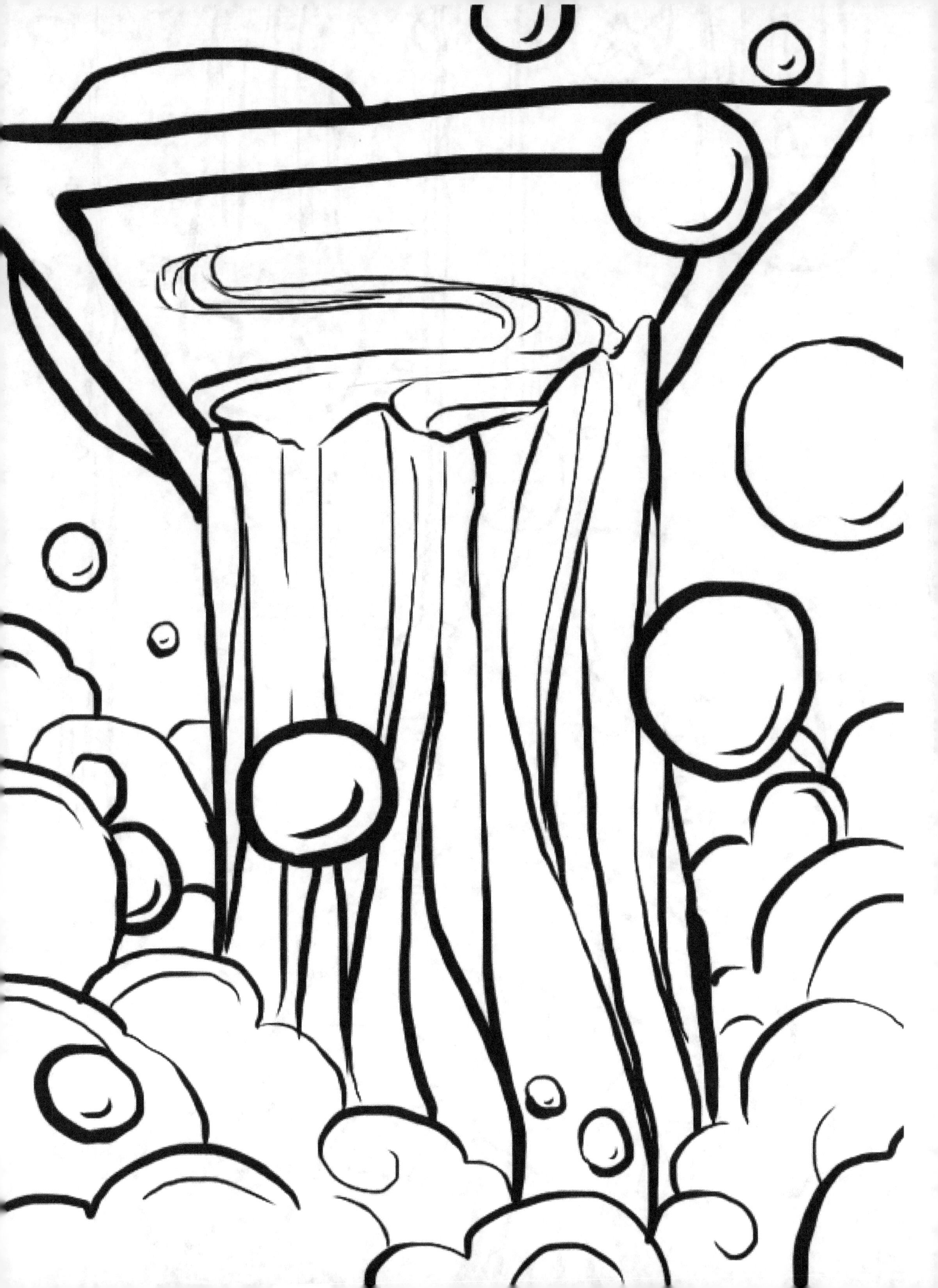

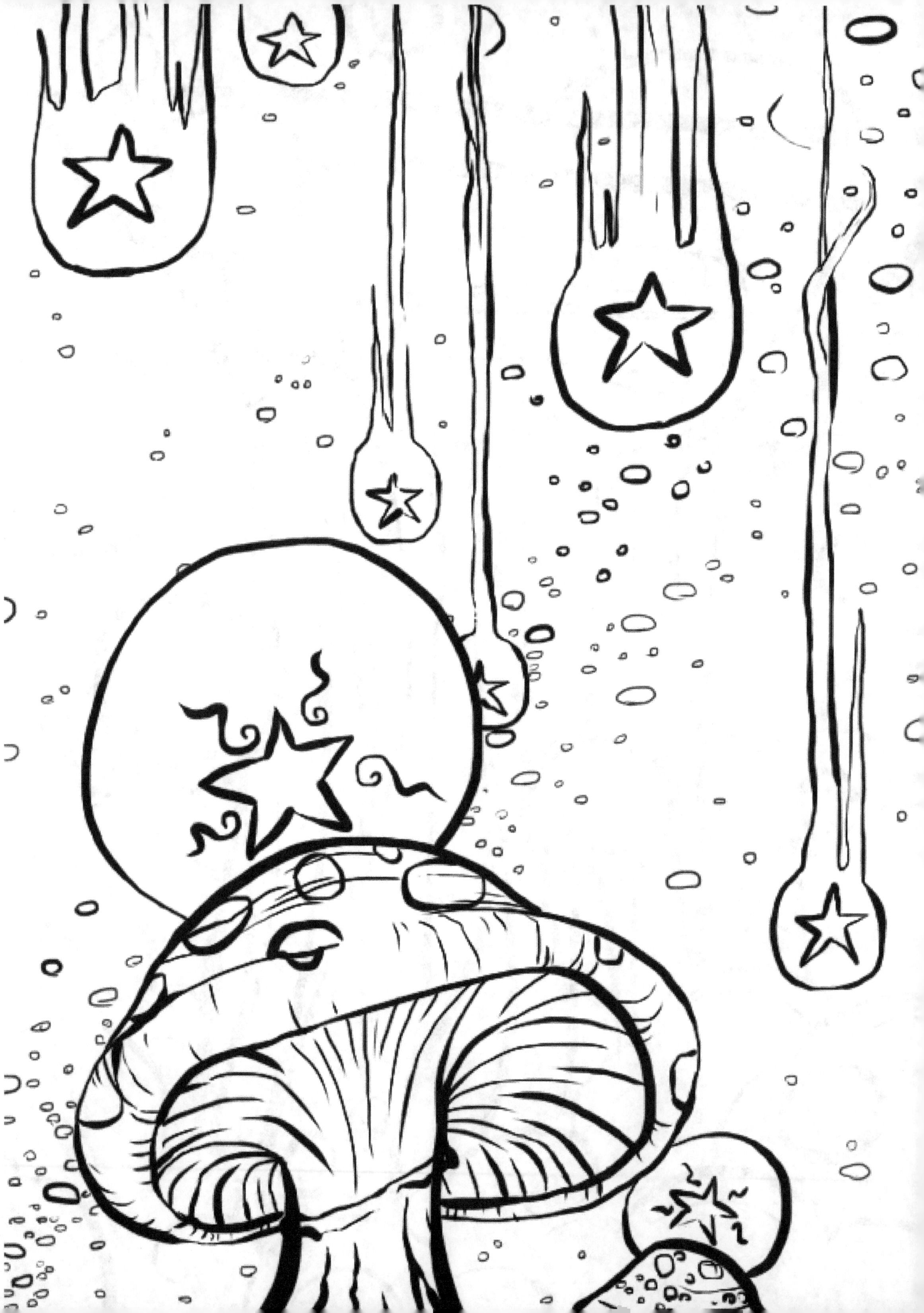

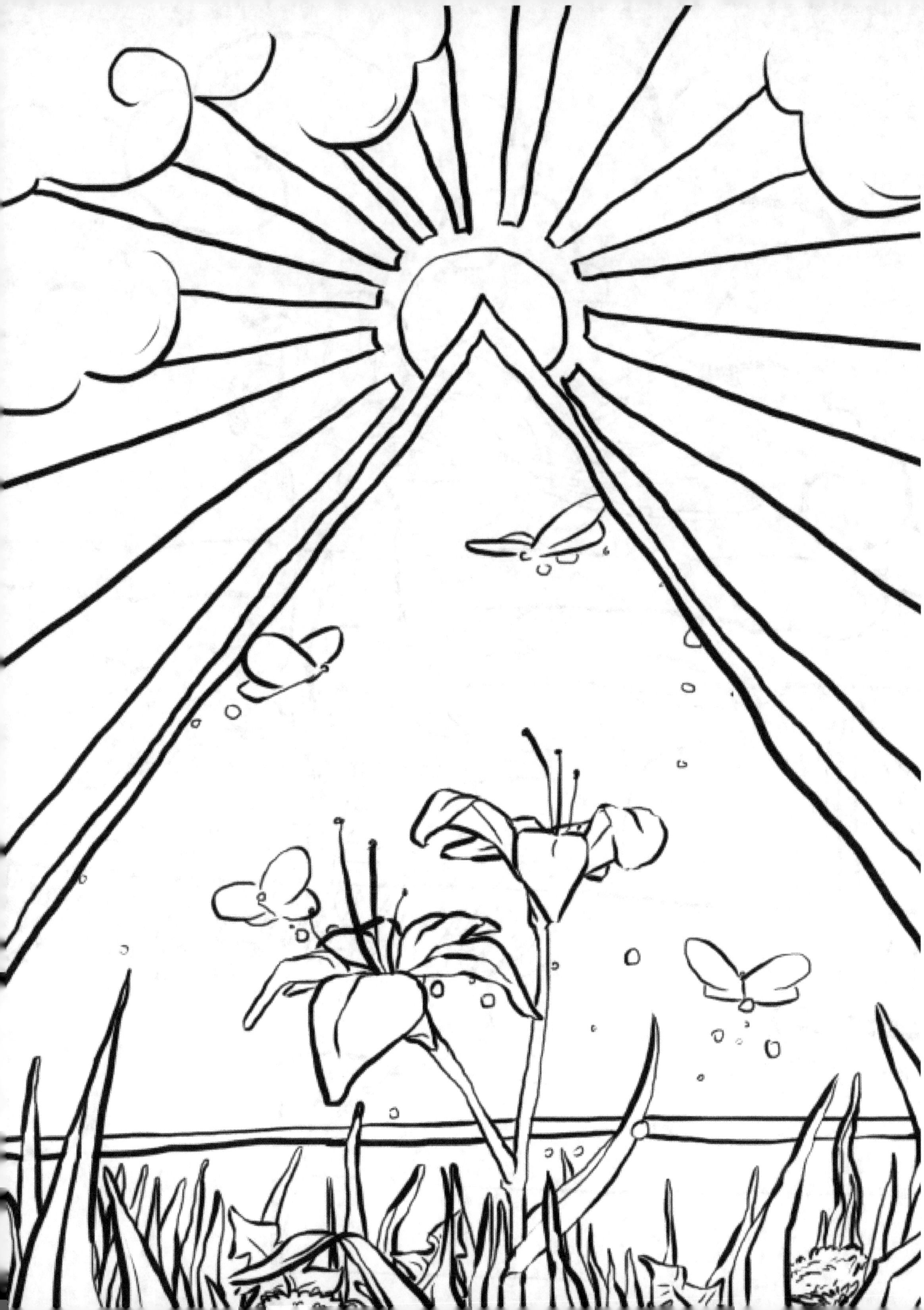

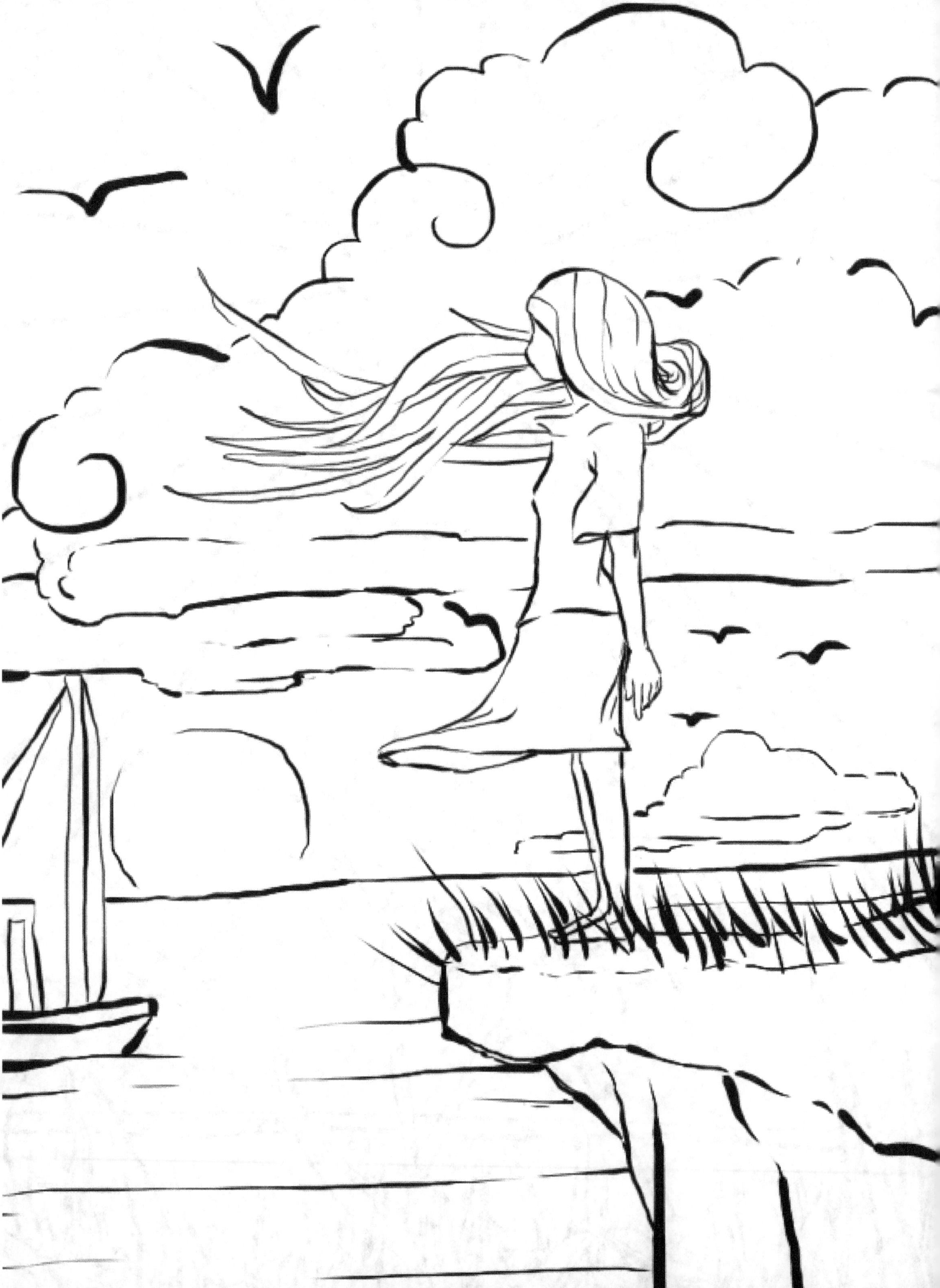

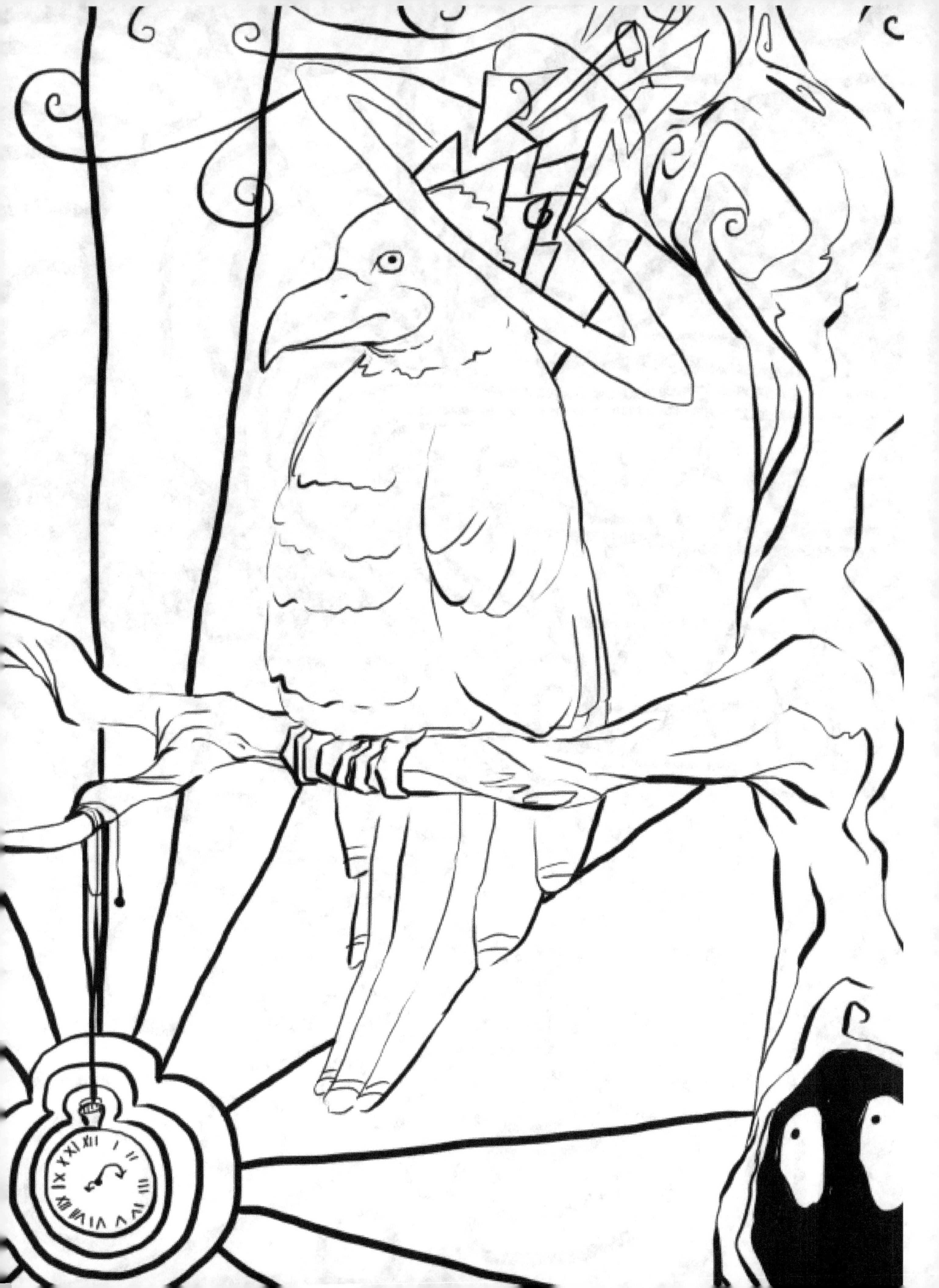

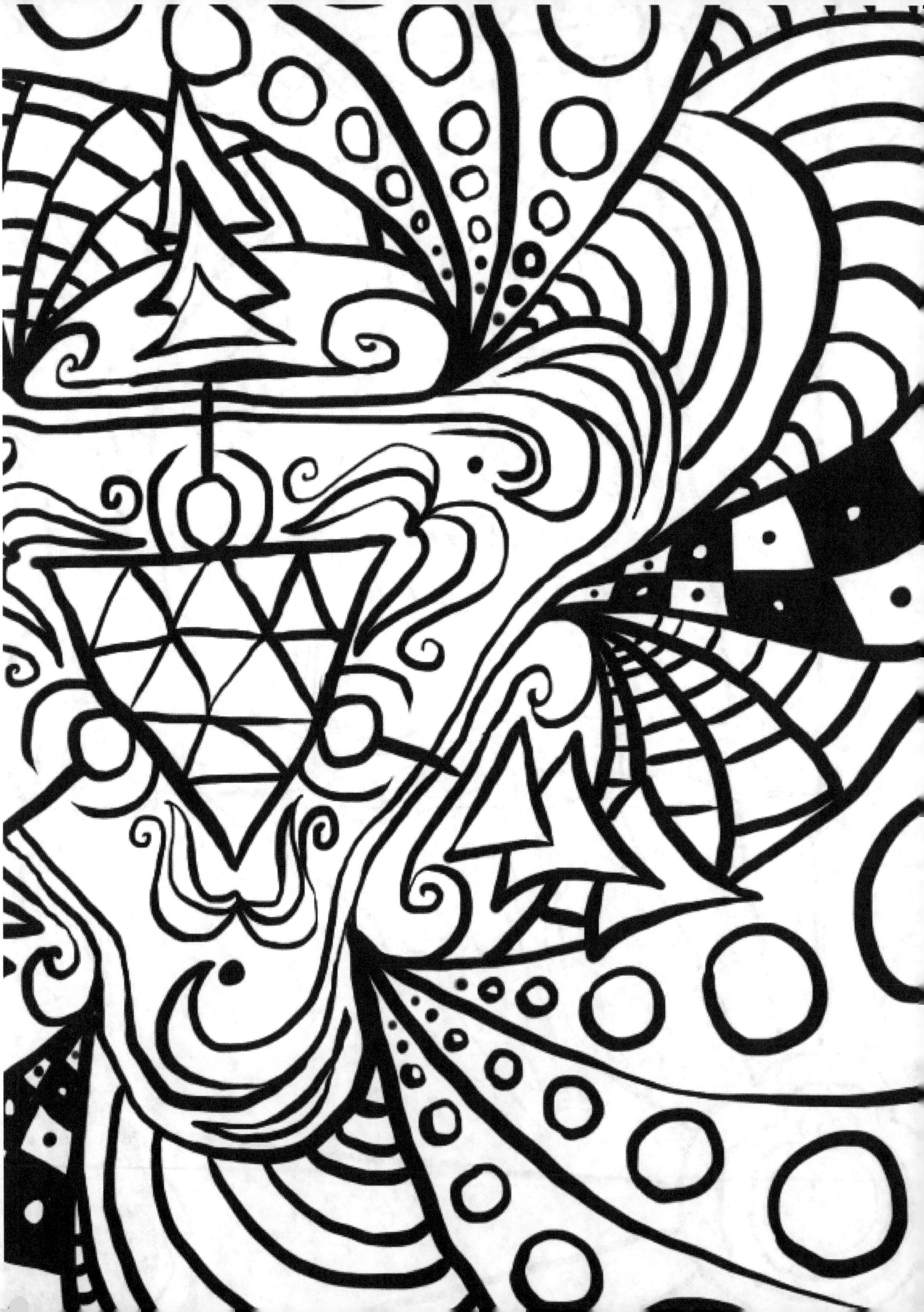

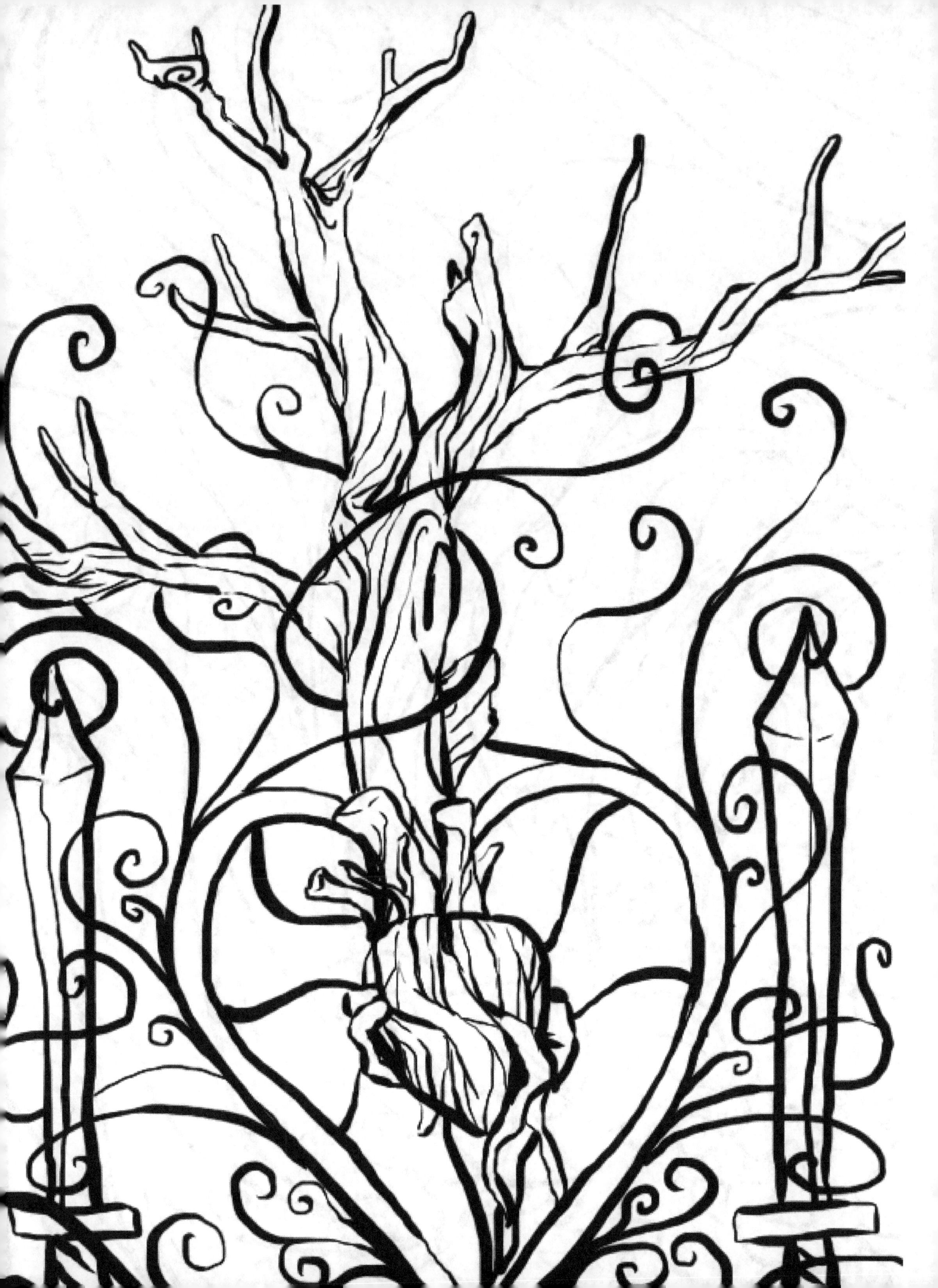

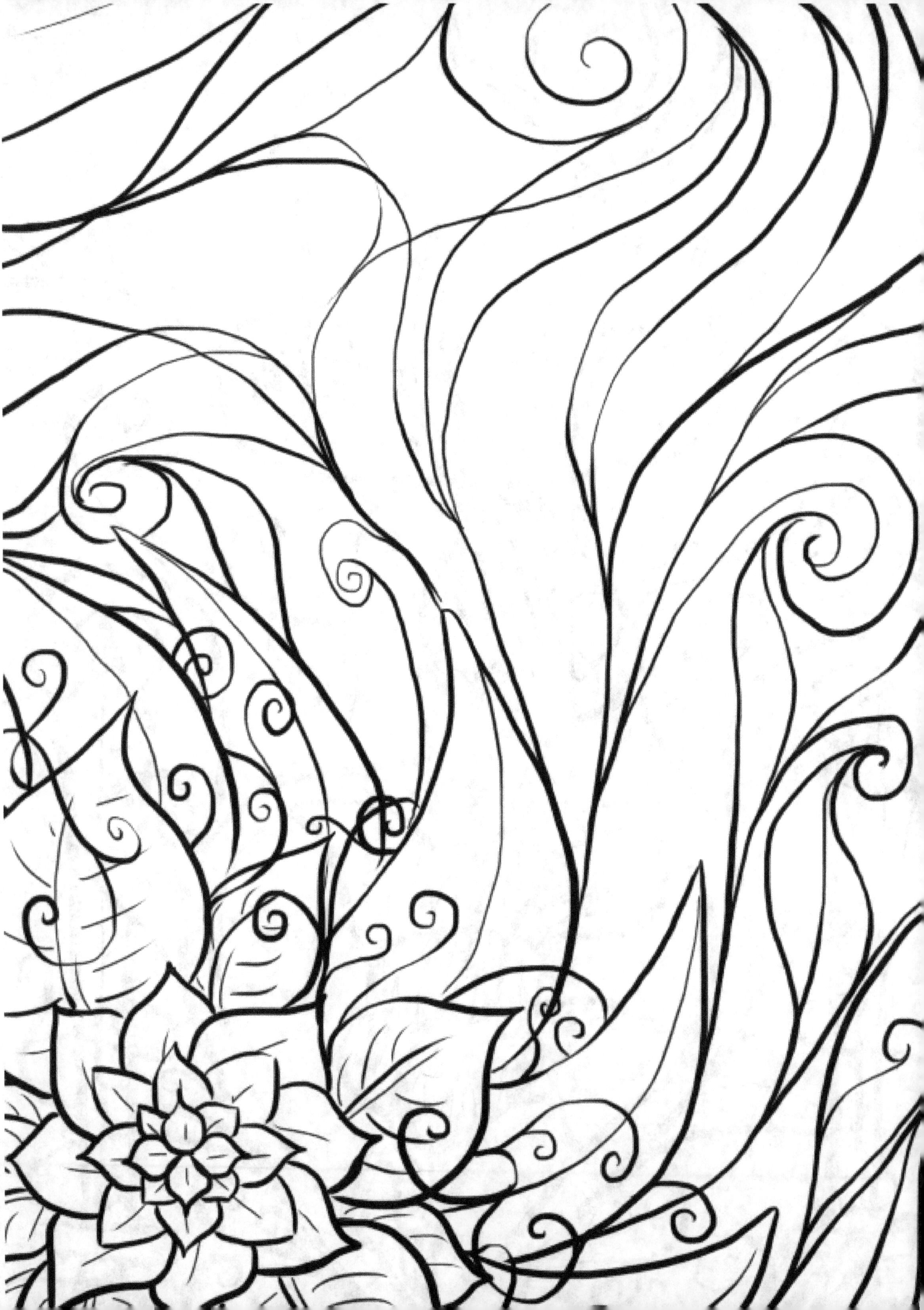

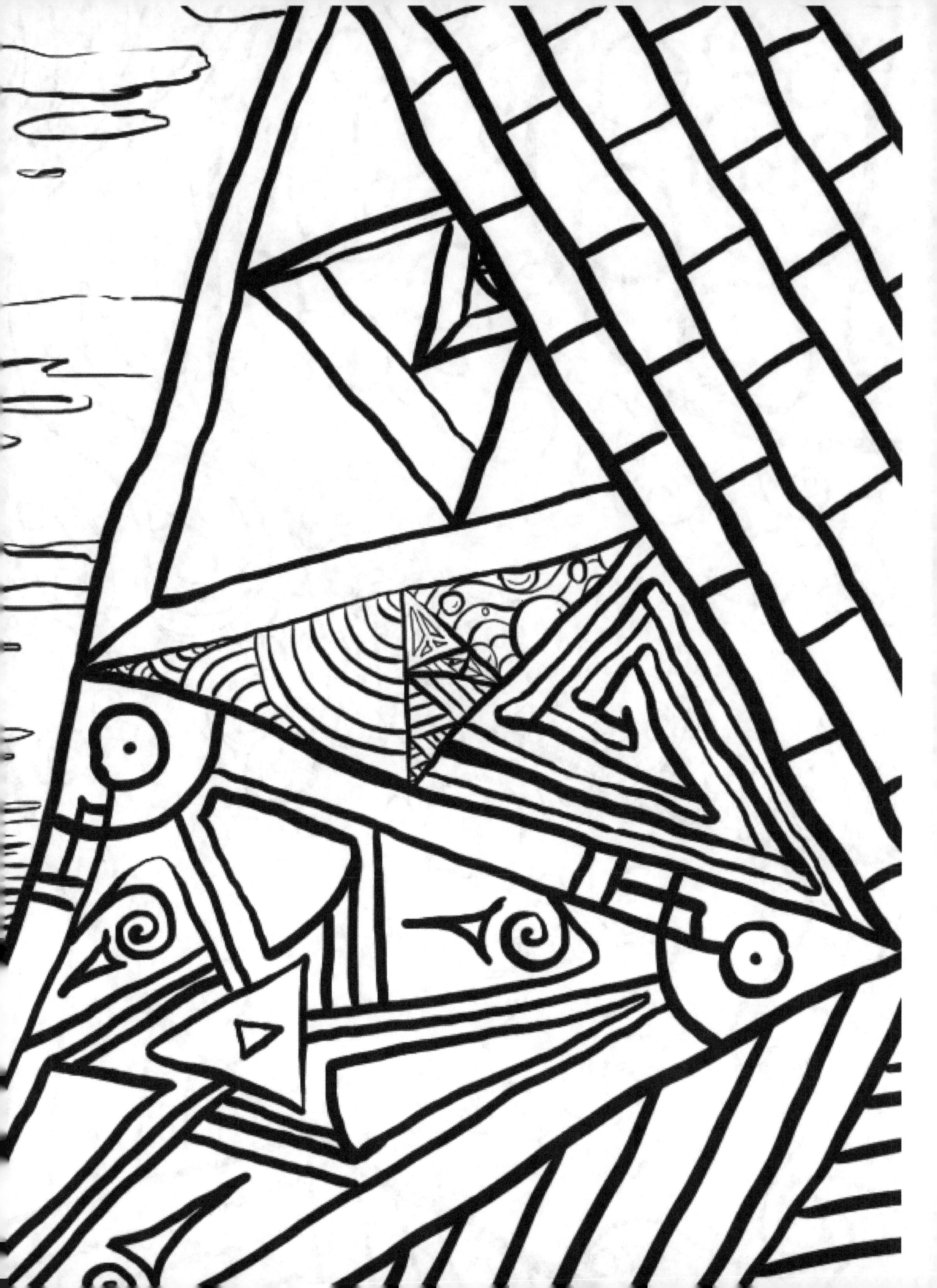

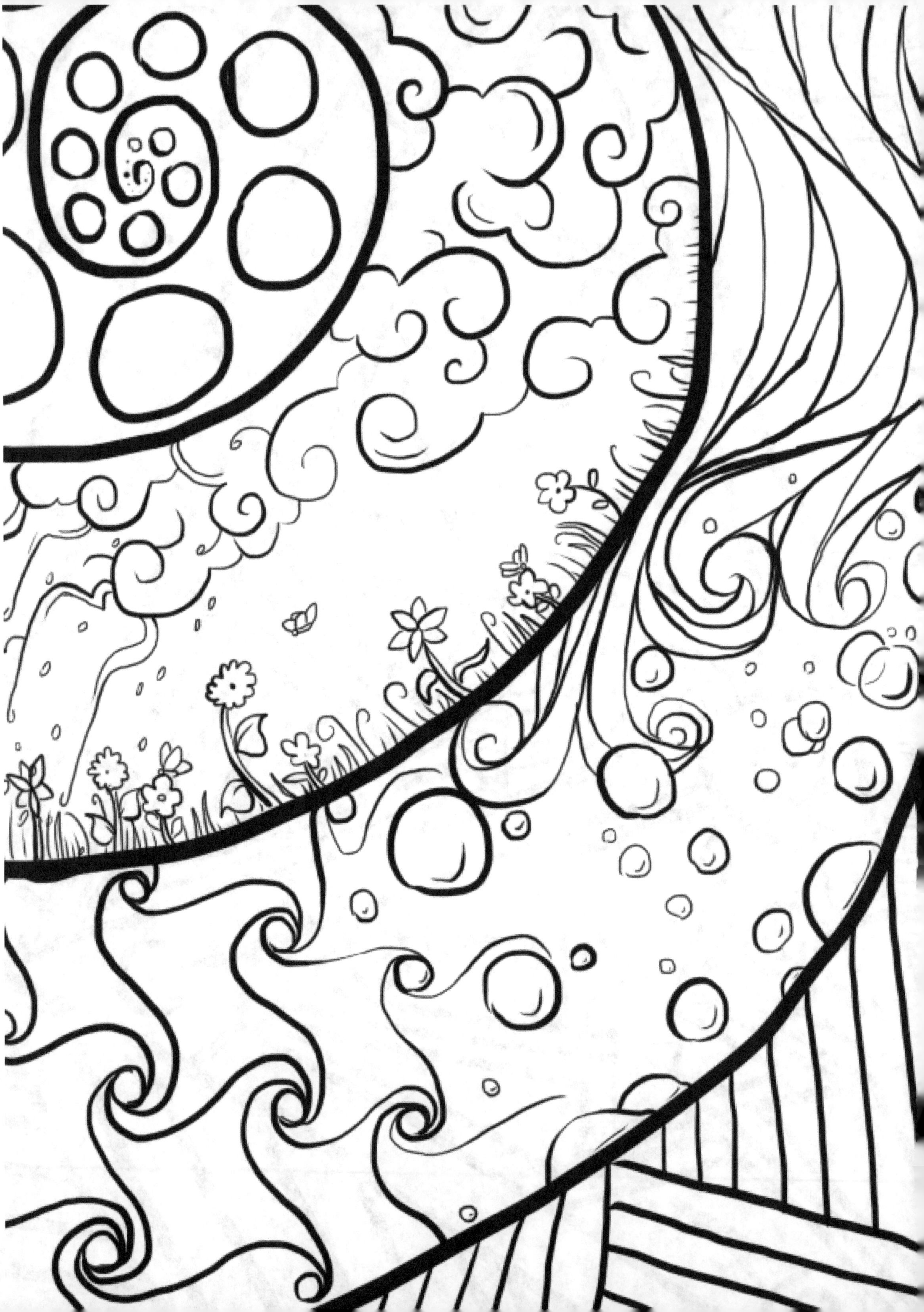

www.ingramcontent.com/pod-product-compliance
Lightning Source LLC
Chambersburg PA
CBHW081245170526
45165CB00009B/3207
* 9 7 8 1 3 8 7 5 4 5 9 0 2 *